Docteur I.F. DESTRUBÉ

Est-ce fou de voir un psy?

MARABOUT

La psychologie chez Marabout :

- *25 mots clés de la psychologie et de la psychanalyse*, MS 1211.
- *La psychanalyse*, 3522.
- *Une psychanalyse, pour quoi faire?*, MS 8.
- *Psychologie et liberté intérieure*, MS 4.
- *Les prodigieuses victoires de la psychologie*, 3504.
- *Les triomphes de la psychanalyse*, 3505.
- *Les voies étonnantes de la nouvelle psychologie*, MS 3.
- *L'interprétation des rêves*, MS 2.
- *Dictionnaire des rêves*, 4046.
- *Comprendre les femmes*, MS 1.
- *Tout se joue avant six ans*, 3115.
- *Ayez confiance en vous*, 3609.
- *Je vis ma vie comme je vis mon corps*, MS 2010.
- *La force de l'esprit*, MS 2001.
- *A la découverte de soi*, 3614.
- *Oser être soi-même*, MS 2002.
- *Les vertus du plaisir*, MS 2011.
- *Ne remettez plus au lendemain*, MS 2004.
- *La puissance de la pensée positive*, 3607.
- *Solitude. Les vertus du retour à soi-même*, MS 2012.
- *Se faire des amis*, MS 2005.
- *L'art d'engager la conversation et de se faire des amis*, GM 104.
- *La méthode Coué*, MS 28.
- *Les femmes qu'ils aiment, les femmes qu'ils quittent*, MS 33.
- *Qui êtes-vous?*, MS 5.
- *L'analyse transactionnelle*, MS 35.
- *La communication efficace par la PNL*, MS 10.
- *Le langage des gestes*, 4124.
- *L'art de bien parler*, 4157.
- *Parler pour convaincre*, 2117.

Consultez notre catalogue.

A mes malades

Sommaire

Avant-propos

Ce livre parle d'expériences humaines; non pas d'une façon journalistique, qui explorerait le côté exceptionnel et sensationnel des événements; ni sous une forme scientifique qui, elle, viserait les résultats de recherches.

Il évoque plutôt les faits comme je les vois, les ayant observés et vécus, d'abord pendant des années de pratique de la médecine générale; puis, après des études supplémentaires, pendant l'exercice de la psychiatrie.

Ces pages sont présentées dans le but de clarifier des malentendus sur les maladies psychiatriques, ainsi que sur certaines situations qui peuvent nous toucher tous, ou qui peut-être nous touchent à présent.

Elles s'adressent aux familles ainsi qu'à tous ceux qui veulent en savoir plus sur la psychiatrie. Elles évoquent quelques-unes des expériences humaines dites psychiatriques, tout en évitant le jargon technique. Les témoignages des malades eux-mêmes y occupent une large place.

Au début de chaque chapitre, vous trouverez une des questions qui m'ont été posées au fil des années. Les réponses en sont données d'abord dans le texte, puis sous forme plus condensée à la fin du chapitre.

Je ne prétends pas donner une description complète des souffrances psychologiques qui nous entourent et parfois nous affectent; mais je me suis restreinte aux situations dont j'ai eu le plus d'expérience dans mon travail avec les malades.

J'espère, avec ce texte, aider à mieux comprendre et à tolérer les différences entre autrui et nous-mêmes.

Névrose, psychose : quelle est la différence ?

« L'on parle partout de névroses ou bien de psychoses. S'il vous plaît, expliquez-moi donc la différence. »

Les névroses

Généralités

Bien que le terme de névrose se prête à de multiples erreurs de conception, à des malentendus et des abus, nous allons le retenir ici, puisqu'il est profondément intégré dans le parler de tous les jours.

Il n'y a pas unanimité, même parmi les experts, sur ce qui définit exactement les névroses, mais certains traits caractéristiques sont reconnus par la majorité.

L'angoisse, la « névrose mère »

L'anxiété (ou angoisse) est le fondement des névroses, sans doute une anxiété établie pendant l'enfance, pour des raisons fort diverses. A l'aide de la psychanalyse (et parfois par d'autres moyens), ces raisons peuvent être découvertes.

Parfois, cette anxiété s'exprime comme telle à l'état nu, si je peux dire, et l'angoisse presque constante est alors le trouble principal de la personne. Dans ce cas, nous parlons de *névrose d'angoisse.*

Mais, plus souvent, cette anxiété est traduite (par l'intermédiaire de mécanismes inconscients) en d'autres formes de détresse (d'autres névroses), comme si la personne essayait de se protéger contre cette angoisse envahissante. Les névroses qui en résultent peuvent donc être comprises comme des moyens de défense contre l'anxiété.

En d'autres termes, nous pourrions considérer la névrose d'angoisse comme la « névrose mère », dont les autres névroses dérivent.

—— Les autres névroses

Souvent, les névroses sont décrites comme des « états d'inadaptation », ce qui de toute évidence décrit le comportement inhabituel ou « un peu bizarre » que manifestent les névrosés.

Il ne faut toutefois pas oublier qu'une névrose n'est pas un état statique, mais s'aggrave ou s'améliore en fonction de l'état de stress dont le malade souffre pendant une période donnée. La guérison, ou au moins l'amélioration, des symptômes d'une névrose se fait par rapport à la diminution de ce stress et s'aggrave à mesure que le stress s'accroît.

Dans le chapitre sur les névroses, nous décrivons celles que nous considérons d'importance principale, sauf pour la névrose dépressive dont nous parlons dans le chapitre sur les différentes formes de dépression.

Nous manifesterons tous des symptômes névrotiques si nous sommes soumis à un degré de stress dépassant notre niveau de tolérance; mais la manière dont nous réagirons sera relativement individuelle.

Dans mon travail avec un ou une malade, je demandais parfois de quelle manière il réagirait, s'il était confronté à un grand malheur. Les réponses étaient généralement données rapidement et paraissaient fort significatives. Les malades se disaient surpris de se connaître si bien.

Exemples

« Je pleurerais sans pouvoir m'arrêter. Je m'enfoncerais dans mon lit. Je me cacherais des autres. » (Névrose dépressive.)

« Je serais si affolé que personne ne pourrait me calmer. Je tremblerais et serais submergé par mes angoisses. » (Névrose anxieuse.)

« Je travaillerais sans arrêt pour me calmer. Je m'accrocherais à chaque petit détail et deviendrais plus maniaque que jamais. » (Névrose obsessionnelle.)

« Je crois que je m'évanouirais ou au moins perdrais toutes mes forces. Je pleurerais sans doute et peut-être crierais-je en espérant que le monde entier viendrait pour m'aider. » (Névrose hystérique.)

« Je tomberais aussitôt malade, je le sais. Je développerais une maladie grave, même si personne ne devait croire que j'en souffre. Il est probable que j'en mourrais. » (Névrose hypochondriaque.)

Mentionnons ici que souffrir d'une névrose n'en exclut pas nécessairement une autre; de manière qu'une névrose hypochondriaque et une névrose obsessionnelle peuvent se trouver chez la même personne, aussi bien qu'une névrose hystérique et une névrose phobique.

Par contre, toute névrose peut parfois être simplement passagère, se manifestant surtout, ou même exclusivement, sous des conditions de très grand stress.

Bon nombre de « névrotiques » réussissent d'ailleurs à cacher leur côté « faible », si bien que seuls leurs proches s'en aperçoivent. Pour éviter de réveiller le côté névrotique, il suffit souvent d'approcher la personne « de son bon côté ».

Les psychoses

Quant au psychotique, il est bien plus sérieusement malade, ayant au moins partiellement perdu le sens des réalités. Il manifestera d'autres symptômes. Nous allons en mentionner quelques-uns. Ils varient considérablement d'après la forme et la sévérité de la psychose et peuvent disparaître complètement pour toujours ou pour des périodes plus ou moins étendues, grâce à des traitements appropriés, et parfois même sans traitement.

Hallucinations

Le malade est souvent hanté par des hallucinations, qui peuvent apparaître sous forme de sons (des voix, des bruits vagues ou de la musique), d'apparitions visuelles (souvent menaçantes), de goûts perçus dans la bouche ou d'odeurs (généralement désagréables); ou bien comme une sensation d'être touché par quelqu'un; ou même sous forme de douleurs dans n'importe quelle partie du corps. Ces dernières risquent d'être considérées comme psychosomatiques au début.

Il n'est pas rare de croiser des gens dans la rue qui nous paraissent se parler à eux-mêmes, parfois en souriant, parfois en ayant l'air d'être en colère. Ce sont peut-être des psychotiques qui répondent à des voix hallucinées. Souvent le malade se plaint de se sentir hanté par ces voix qui, pour lui, sont tout à fait réelles. C'est parfois un grand supplice.

— Idées délirantes

Celles-ci, par contre, se traduisent par des *convictions* erronées (tandis que les hallucinations sont des *perceptions* erronées). Elles s'opposent au sens commun.

Le malade peut se croire persécuté, volé de tous ses biens ou se croit déjà mort; ou il se considère d'une importance exceptionnelle, se croyant le président ou Jésus lui-même.

Quelquefois, ces convictions aberrantes se font si subtiles que l'entourage se voit en difficulté de les distinguer de la réalité. Peut-être est-ce vrai que la voisine parle derrière son dos? Que quelqu'un est entré dans son appartement pendant la nuit? Que son employeur lui veut du mal? Parfois ce n'est que par l'apparition d'autres symptômes que la vraie nature de la maladie peut être reconnue.

Mentionnons en passant que des opinions s'opposant au sens commun peuvent aussi être exprimées par des personnes en parfaite santé psychologique. Elles donnent parfois lieu à des interprétations erronées ou même malveillantes. La persécution des «sorcières» du Moyen Age et des dissidents des dictatures modernes en témoigne.

— Fragmentation des idées

Autrement dit, c'est la dissociation des pensées. Leur continuité étant interrompue sans cesse, le malade se plaint souvent que quelqu'un lui enlève ses idées. Il saute de sujet en sujet, sans lien apparent. Parfois, les idées paraissent entièrement désorganisées, le langage devenant incompréhensible.

— Troubles moteurs

Des mouvements bizarres, parfois répétitifs, peuvent être simplement une forme motrice des idées délirantes, ou bien une réponse à des représentations hallucinatoires. Le malade gesticule en défense contre un ennemi imaginaire ou s'arrête soudainement, ayant l'air d'écouter. Il prête en effet attention à ses voix.

— Altération des émotions

La vie affective est changée aussi, le malade se replie souvent sur lui-même, et sa vie sentimentale s'avère émoussée. Les rapports sociaux deviennent alors de plus en plus difficiles ainsi que les rapports sexuels, souvent chaotiques ou inexistants.

La plupart des psychotiques se rendent parfaitement compte qu'ils sont très différents des autres; ils en souffrent intensément, et s'associent plus facilement à d'autres qui leur ressemblent.

— Causes des psychoses

Celles-ci sont souvent dues à des maladies bien connues qui, directement ou indirectement, affectent le fonctionnement normal du cerveau. Elles sont nombreuses, et en voici seulement quelques exemples.

- Des traumatismes du cerveau.
- Des tumeurs du cerveau.
- Des infections du cerveau (comme l'encéphalite).
- Des troubles circulatoires du cerveau (thrombose ou embolie).

— Des troubles endocriniens (de la glande thyroïde, des glandes surrénales ou autres).
— L'effet de substances toxiques, dû à l'abus de médicaments, de drogues ou d'alcool.

Ajoutons que l'arrêt subit de ces substances peut aussi causer une psychose, dont le *delirium tremens* est sans doute la mieux connue.

— La fièvre.

Je vous surprends peut-être si je mentionne que nous tous, vous et moi, avons très probablement souffert d'une ou de plusieurs psychoses pendant notre enfance, heureusement de courte durée.

Vous rappelez-vous des hallucinations et des idées délirantes pendant une forte fièvre? Peut-être pas, si vous étiez très jeune; mais certains experts maintiennent que même dans ces temps modernes avec vaccinations, antibiotiques et aspirine, la psychose fébrile continue à être très répandue, sans heureusement causer beaucoup de dégâts.

— La psychose maniaco-dépressive, décrite dans un chapitre à part.

Psychoses de cause encore inconnue

Les différentes formes de la schizophrénie en sont l'exemple le plus tragique, et malgré de multiples recherches, nous en sommes encore au stade des hypothèses.

Le déséquilibre d'un système hormonal pas encore découvert, encouragé par une légère tendance héréditaire, a été mentionné comme cause possible par certains, mais nul n'en a la preuve.

Je voudrais répéter ici que sont déjà disponibles pour le public un grand nombre de publications sur le thème de la schizophrénie, s'adressant surtout aux familles des malades, tellement éprouvées. Je m'abstiendrai donc d'en ajouter une.

Réponse à la question initiale

> ***« L'on parle partout de névroses ou bien de psychoses. S'il vous plaît, expliquez-moi donc la différence. »***

Il y a en effet une grande différence entre névrose et psychose, et il n'est généralement pas difficile de les distinguer après un examen compétent et compréhensif.

La dépression

« A en croire mes connaissances et mes amis, on dirait que tout le monde est déprimé la plupart du temps. Est-ce vrai ? Quels sont les remèdes ? »

Généralités

« Je m'ennuie, j'ai le cafard, je suis de mauvaise humeur, je n'ai pas le moral, je me sens triste, j'ai une déprime, je n'ai pas de courage » expriment des états d'esprit généralement de courte durée, que tout le monde connaît.

La dépression en tant que maladie est tout autre chose et, comme dans le cas de la pneumonie, peut prendre des aspects très différents qui, variables en intensité, peuvent entraîner la mort.

Les manuels de psychiatrie citent un grand nombre de différentes formes de dépression : névrose dépressive, dépression réactionnelle, dépression chronique, mélancolie de l'involution et d'autres; mais je préfère ici ne parler que de dépression légère, modérée ou sévère, tout en mentionnant la période de vie où elle survient. Les multiples formes mentionnées plus haut tendent à se chevaucher les unes les autres, ce qui compliquerait ce que nous essayons de communiquer ici.

La dépression se manifeste différemment chez les enfants, les adolescents, les adultes, les vieux. Elle est généralement de plus courte durée chez les jeunes.

La dépression chez l'enfant

Des dépressions ont été observées chez des enfants de moins de huit mois, quand ils manquaient de soins de nature maternelle. Précisons que ces soins ne sont pas donnés obligatoirement par leur propre mère.

On observait d'abord que l'enfant devenait irritable et criait beaucoup. Puis il pleurait moins, donnant l'impression de se résigner. Si la situation ne s'améliorait pas, l'enfant mangeait de moins en moins et la mort survenait.

Il y a longtemps que ces observations ont été faites dans des orphelinats, et cet état de choses, espérons-le, existe moins maintenant, au moins dans notre partie du monde.

Plus tard dans l'enfance, par contre, la dépression n'est pas rare, bien que pas toujours reconnue comme telle.

L'enfant déprimé, au lieu de se montrer ouvertement triste, paraît plutôt irritable, désobéissant, imprévisible dans ses actions, tendant à se quereller et à montrer moins d'intérêt pour ce qui le fascinait avant; perdant parfois son appétit, son sommeil. Les parents s'aperçoivent que l'enfant « n'est pas comme avant ».

L'enfant étant naturellement plus impulsif que l'adulte, il faut se méfier de l'acte suicidaire soudain et imprévisible, surtout si l'enfant dit parfois : *« Je voudrais être mort »*. Rappelons-nous qu'au moins jusqu'à l'âge de huit ans, il n'est pas nécessairement conscient du fait que la mort est irréversible.

Heureusement, le suicide chez l'enfant est encore rare, bien que plus fréquent qu'auparavant.

Il y aurait bien plus à dire sur ce sujet, et je vous recommande les publications faites par les spécialistes de la psychiatrie enfantine, faciles d'accès dans les librairies et bibliothèques.

La dépression chez l'adolescent

Celle-ci, beaucoup plus fréquente, se présente d'une façon similaire à celle de l'enfant, mais avec des caractéristiques supplémentaires.

L'instabilité hormonale tend à modifier les émotions et à intensifier les relations interpersonnelles.

Ainsi le rejet par une personne estimée ou aimée peut entraîner le désespoir extrême et éventuellement le suicide ou sa tentative. Les humeurs à cet âge sont changeantes et passent rapidement de l'enthousiasme au désespoir.

Un désappointement qui nous paraîtrait peut-être insignifiant peut prendre une grande importance à ce stade de la vie, et il est essentiel de ne pas minimiser son impact sur l'adolescent. Autant nous nous attendons à être respectés par les jeunes en ce qui concerne nos intérêts, nos opinions et nos sentiments, autant nous leur devons des égards soutenus, même si leurs préoccupations nous paraissent parfois de peu d'importance comparées aux nôtres.

La question de l'identité

C'est pendant notre adolescence que la personnalité commence à s'affirmer et que la société s'attend à ce que nous sachions sur quelle voie nous engager. Une expectative de si grande envergure impose un degré de responsabilité qui peut effrayer, et en effet mène parfois à une anxiété telle que toutes les valeurs sont mises en question.

Ajoutons aussi que de nos jours, même des plans assez solides, suivis avec courage et ambition, ne conduisent pas toujours au but désiré, vu les chiffres de chômage.

L'identité d'une personne, quel que soit son âge, se compose de mille facteurs; de son passé, de son état présent et même de ses aspirations pour l'avenir.

C'est à l'âge des grandes transitions qu'est l'adolescence que la question de l'identité devient de plus en plus complexe et quelquefois inquiétante. Des décisions qui détermineront tout l'avenir doivent être prises, et celles-ci concernent souvent des aspects de la vie qui échappent à notre contrôle personnel.

Ceci touche en particulier, plus qu'à tout autre domaine, à celui de la sexualité.

Nous allons mettre en évidence la détresse intense ressentie par des jeunes qui en viennent à constater que leur identité sexuelle n'est pas celle de la majorité. Rapportons donc quelques témoignages.

Exemples

→ **Mlle F.,** une jeune fille de 19 ans, attrayante et intelligente, venait me voir, disant :

« J'ai déjà consulté trois autres psychiatres. Vous êtes mon dernier espoir. Je suis homme dans un corps de femme. Je ne peux pas le supporter. Je veux prendre toutes les hormones et supporter toutes les opérations nécessaires pour changer mon sexe; autrement je serai désespérée à vie, non, je me suiciderai, je le sais. »

Une telle situation est suffisamment rare et complexe pour qu'elle doive être gérée dans un centre très spécialisé, ce dont j'ai informé Mlle F. En attendant qu'elle y trouve une place, nous avons travaillé ensemble pour tâcher de combattre sa dépression.

Quant à l'homosexualité, c'est encore pendant l'adolescence, où elle se manifeste généralement pour la première fois, qu'elle cause sans doute le plus de détresse.

Il apparaît qu'à peu près dix pour cent d'hommes et presque autant de femmes sont homosexuels.

→ **Un jeune homme de 16 ans** se désespérait :

« Je me rends compte que je ne suis pas comme tout le monde. J'ai d'abord pensé que ça se passerait, mais je sais maintenant que je préfère les garçons, de beaucoup. Mes parents le savent et essaient de me comprendre, mais ils ont du mal. Je ne leur en veux pas. Quelquefois le désespoir me saisit, et le suicide paraît presque la meilleure solution. »

Ce garçon accepta volontiers une forme de thérapie de groupe (sous surveillance psychiatrique), où des adolescents des deux sexes parlaient de leurs préoccupations de toutes sortes, y compris de leurs tendances sexuelles. Il se voyait progressivement moins isolé.

Les stupéfiants

Il y a d'autres facteurs qui menacent tout particulièrement les adolescents. C'est l'influence des stupéfiants (y compris l'alcool), doublement dangereuse à cet âge déjà plein de risques.

Exemples

→ **Une jeune fille de 16 ans,** arrivée dans mon cabinet pour la première fois, éclata :

« Je suis vivante, mais j'aimerais mieux être morte. La vie est stupide, elle n'a pas de sens, c'est épouvantable. Je ne peux plus la supporter. Alors je me noie dans les drogues. Tant pis si j'en prends de trop un jour. »

Elle décrivit une vie familiale perturbée, d'autant plus que son père, qui professait des principes stricts, avait récemment découvert sa consommation de stupéfiants (marijuana, hachisch et parfois des amphétamines). Il avait été pris de panique et l'avait châtiée sévèrement.

Cette jeune fille avait déjà augmenté sa consommation de drogues jusqu'au risque d'une overdose, et elle était bien consciente de jouer à la roulette russe.

J'invitai une amie proche de la patiente, qui à présent avait une plus grande maturité de jugement, mais qui elle aussi avait pris des drogues. Elle se joignit volontiers à nous pour les séances suivantes; cela facilita la tâche de garder notre adolescente en vie jusqu'à ce qu'elle parvienne à plus de maturité.

→ **Un garçon de 16 ans** fut moins chanceux. Il était pensionnaire d'une école privée, intelligent, travailleur, bon camarade, heureux de vivre.

Un soir, il se fit vivement réprimander par un des enseignants qui l'avait trouvé dans sa chambre sous l'emprise de l'alcool. Le matin on le découvrit pendu au montant de son lit. Etait-ce « seulement » un geste suicidaire qui, par maladresse peut-être, aurait fini en tragédie? Personne ne le saura.

La dépression de l'âge adulte

— Généralités

Les formes spéciales de la dépression à l'âge adulte sont discutées dans d'autres chapitres : comme celles qui suivent un accouchement, les dépressions de la ménopause, ainsi que les états maniaco-dépressifs et les dépressions de la vieillesse.

Celles dont nous allons parler maintenant sont très répandues et se situent entre environ 18 ans et le début de la vieillesse (dont l'âge est de toute évidence très variable).

Nous verrons ici les manifestations « classiques » de la dépression.

— Symptômes

Mentionnons en passant que l'on parle beaucoup de « dépressions saisonnières ». Ce sont ces dépressions qui se manifestent surtout au printemps ou en automne, mais dont les symptômes ne diffèrent pas des autres dépressions.

Le malade se sent découragé, sans confiance en soi, quelquefois plein de sentiments de culpabilité, sans entrain, chroniquement fatigué. Il a des difficultés à se concentrer.

Il manque d'initiative et d'énergie, dort mal et perd ses appétits, tant pour la nourriture que pour l'activité sexuelle.

Souvent, il avoue :

« Je pleure tout le temps, sans pouvoir m'arrêter. »

Ou inversement :

« Je voudrais pleurer, mais mes yeux restent secs. »

Quelquefois, il y a une anxiété intense et une agitation, qui, jour et nuit, ne permet que peu de repos. Le sommeil est coupé vers deux ou trois heures du matin ou interrompu très fréquemment, le reste de la nuit se passant en méditations lugubres, souvent pleines de culpabilité. Le malade est hanté par des « péchés » commis dans le passé et souvent convaincu que son état de souffrance en représente la juste punition.

Parfois il se croit atteint d'une grave maladie comme le cancer et ne peut en être dissuadé. Une perte de poids de 10 à 20 kilos en quelques semaines pourrait le lui suggérer. C'est pourtant plus souvent un signe de sévère dépression que de n'importe quelle autre maladie.

Si le malade a atteint l'état psychotique où l'appréciation de la réalité est considérablement restreinte, le danger de suicide devient très réel. Alors une simple question comme *« Si vous pouviez choisir, préféreriez-vous la mort à la vie?* donnera généralement une réponse sincère, et souvent inquiétante. Parfois il exprimera la conviction que le monde profiterait grandement de sa disparition. C'est un signe de danger.

Il peut y avoir tendance à la violence, généralement précédée par des manifestations d'irritabilité et de frustration intense. Il est toutefois probable que des situations de violence extrême relèvent plutôt de la psychose maniaco-dépressive.

Nous lisons parfois des récits dramatiques dans la presse, où un père tue sa femme et ses enfants, convaincu qu'ainsi il les protège « d'un sort encore pire ». Ce ne sont heureusement que des événements rares.

N'oublions pas que très souvent la personne déprimée recourt à la consommation excessive d'alcool, cherchant un soulagement à sa détresse. C'est souvent le début d'un cercle vicieux prolongé, vu que l'alcool lui-même peut agir comme un dépresseur.

—— Causes

Parlons tout d'abord des dépressions causées par des médicaments.

L'apparition d'une dépression doit donner lieu à une recherche soigneuse des médicaments et d'autres substances chimiques que le malade prend, avec ou sans consentement de son médecin.

Nous avons déjà parlé de l'alcool, qui surtout pendant un usage excessif et/ou prolongé peut causer des dépressions.

Il y a aussi des médicaments dont la dépression peut être un des effets secondaires. Ce sont parfois des substances qui combattent l'élévation de la tension artérielle, comme la réserpine (peu utilisée de nos jours).

Une autre cause assez répandue de dépression médicamenteuse est la prise prolongée de cortisone ou de somnifères et de calmants, le valium, semble-t-il, étant un des principaux coupables.

Il faut alors peser les avantages du résultat thérapeutique par rapport aux effets préjudiciables.

Je me souviens d'une malade qui, après une opération de la jambe, reçut du valium trois fois par jour pour combattre des spasmes musculaires.

Je fus appelée en consultation psychiatrique car elle se montrait découragée. Ses plaintes et ses pleurs continuels contrastaient très nettement avec son attitude habituelle.

Le valium fut donc interrompu et remplacé par un autre médicament antispasmodique, ce qui mit fin à son état dépressif.

La plupart des causes de la dépression ne sont pourtant pas aussi faciles à déceler et infiniment plus complexes. Elles sont très diverses, et les raisons apparentes peuvent être trompeuses.

Ceci dit, une dépression tend à se manifester avec d'autant plus d'intensité que les circonstances qui la précèdent ressemblent en quelque sorte à des événements malheureux survenus pendant l'enfance, souvent oubliés ou refoulés, donc difficiles à déceler.

D'autre part, une dépression, parfois profonde, peut être déclenchée par un problème de santé causé par une maladie ou un traumatisme; tout particulièrement chez des personnes habituées à une activité débordante : elles se valorisent par rapport à ce qu'elles accomplissent; ne pouvoir être actif comme avant est ressenti comme une défaite.

D'autres circonstances perçues comme un échec (et menant souvent à la dépression) pourraient être :
— la délinquance d'un enfant,
— l'avortement (volontaire ou involontaire),
— le divorce,
— des difficultés à l'endroit de travail ou le chômage,

et beaucoup d'autres.

Exemples

→ **Mme S., 39 ans,** associée à son mari dans une entreprise, souffrait d'une dépression intense depuis deux à trois mois. Elle dormait à peine, avait peu d'appétit et sa perte de poids était considérable.

Elle disait :

« Je suis d'une humeur noire la plupart du temps; parfois je veux mourir, parfois je crains de devenir violente, envers mon mari, je crois. Nos finances sont désastreuses. Les créanciers nous téléphonent constamment. Mon mari se sent attiré par une jeune employée, ce que je ne peux tolérer, mais je sais qu'il n'y a pas d'infidélité. Ce deuxième problème est en fait le plus grand pour moi. »

Cette patiente décrivait une enfance qu'elle voyait gâchée par le fait que son père lui préférait sa sœur. Y avait-il un parallèle avec sa situation actuelle ?

Nous en discutâmes ensemble, et la patiente réussit à comprendre qu'en effet, il n'y avait que peu de réalité dans ses craintes matrimoniales du présent.

En même temps, les affaires financières du couple s'amélioraient, sans doute parce que Mme S. se sentait moins déprimée et réussissait à agir avec plus de détermination et de réalisme.

→ **Mlle B., 20 ans,** aide-infirmière, se plaignait :

« Je me sens bonne à rien, ça dure depuis un mois déjà. La moindre remontrance de mes supérieurs me fait pleurer. Il y a un an, je me suis sentie encore pire, pendant bien des semaines. Je ne pouvais même pas travailler, je dormais tout le temps, ne répondais jamais au téléphone. Maintenant, les pensées de tout ce que j'ai fait de mal me poursuivent; causer des soucis à ma mère en rentrant tard le soir quand j'étais adolescente, manquer l'école, boire excessivement (ce qu'elle avait fait très rarement d'ailleurs.) *Je pense beaucoup à la mort; j'ai fait des gestes suicidaires trois fois, mais je sais que je ne voulais pas vraiment mourir. »*

Cette jeune femme se rappelait :

« Ma mère me critiquait toujours, depuis ma petite enfance. Rien de ce que je faisais n'était bien; mais ses intentions étaient bonnes. »

De ce fait, il n'est peut-être pas surprenant que Mlle B. ait eu des difficultés à se valoriser.

Le traitement de cette jeune femme consista (vous l'avez sans doute deviné) à l'amener progressivement à se voir sous un jour meilleur. Sa mère consentit à se joindre à nous dans toutes nos entrevues; ce fut une chance, car beaucoup de découvertes intéressantes furent faites, la mère n'ayant elle non plus aucune confiance en elle-même, se voyant très loin d'un idéal dont elle rêvait.

Pensant sauver sa fille du même sort, elle avait essayé de la rendre parfaite.

Mère et fille, après encore quelques autres découvertes significatives, se sont fait mutuellement de plus en plus confiance et ont réussi à se valoriser progressivement.

Au bout de quelques semaines, Mlle B. était sortie de sa dépression.

→ **M. F.,** employé des P.T.T., fut envoyé à la clinique après ingestion d'une large quantité de somnifères. Il s'était récemment séparé de sa femme. Il y avait eu, paraît-il, infidélité des deux côtés précédant la séparation.

Notre patient dit :

« La pensée qu'elle allait m'abandonner me hantait. J'avais été adopté à la naissance et me suis demandé maintes fois pourquoi mes parents m'avaient delaissé. J'aimerais les retrouver pour le leur demander. »

Par la suite, cet homme admit assez facilement que sa tentative de suicide représentait peut-être un désir (inconscient) d'abandonner plutôt que de souffrir l'abandon, une possibilité qui le plongeait dans l'affliction.

Sa femme et lui acceptèrent, fort heureusement, d'être vus ensemble. Beaucoup de malentendus du passé furent clarifiés, grâce à leur franc-parler et à un profond désir partagé (mais pas précédemment admis) de continuer leur vie ensemble.

M. F., qui ne pensait plus au suicide maintenant, faisait des plans concrets en vue de leur avenir de couple.

Son désir de retrouver un jour sa mère naturelle était encore présent, mais avait perdu sa couleur obsessionnelle.

→ **Mme S., 59 ans,** avait subi le « coup du lapin » dans un accident de voiture.

Au début, elle s'attendait à ce que la douleur disparaisse rapidement, mais quand elle se vit encore handicapée après plusieurs semaines, elle se découragea. Ceci était d'autant plus compréhensible que, jusqu'à l'accident, elle débordait d'activité au service de sa famille et des autres.

« Je me suis sentie de plus en plus mal. Notre style de vie a changé complètement. Je me sens fâchée, contrariée, déprimée. Je ne veux plus sortir. Je ne dors jamais plus de 5 heures la nuit. »

Son mari confirmait ce qu'elle disait :

« Elle ne s'est jamais emportée facilement, mais maintenant elle se fâche pour un rien, et puis elle retombe dans cette humeur lugubre, comme s'il n'y avait aucun espoir. Je ne peux pas la décider à sortir. Que c'est difficile de vivre avec quelqu'un de déprimé. Je me sens comme paralysé quand elle rejette toute suggestion un peu positive. »

Les dépressions qui suivent un accident, souvent avec traumatisme relativement léger, mériteraient un long chapitre pour elles-mêmes, ou même un livre. Elles sont très souvent méconnues et mises sur le compte de l'exagération des symptômes pour tirer plus d'argent des caisses d'assurance. Souvent elles sont vues comme « hystériques » ou franchement inventées.

Cette incompréhension tend encore à aggraver les symptômes. J'ai suivi une patiente qui, tant que son entourage la soupçonna de feindre sa dépression, perdit tout contact avec la réalité; elle était devenue psychotique. Quand finalement son entourage la prit au sérieux, elle guérit.

Cette malade a été mentionnée aussi dans le chapitre sur les affections psychosomatiques.

Pour en revenir à Mme S., elle eut la chance d'une amélioration progressive de ses symptômes physiques (douleurs constantes dans la nuque avec irradiation vers les bras); ainsi elle pouvait espérer que peu à peu elle reprendrait ses diverses activités. En effet, à mesure qu'elle fut capable de s'occuper de nouveau sans trop de souffrance physique, sa dépression se dissipa. Elle redevint la personne qu'elle avait été avant l'accident.

→ **Mme A., 61 ans :** son mari l'avait quittée onze mois auparavant pour une autre femme, après 35 ans d'un mariage apparemment satisfaisant.

Elle rapporta que pendant les trois premiers mois, elle avait pensé constamment au suicide et avait perdu dix kilos :

« Heureusement, je crois en Dieu, et je suis pratiquante. Aussi mes enfants et tous mes amis me supportent. Je crois que je vais m'en sortir. »

Dans un tel cas, on voit qu'une foi sincère peut aider à surmonter une dépression.

→ **M. W., 62 ans,** propriétaire d'une épicerie, avait subi une crise cardiaque (infarctus du myocarde), dont il s'était remis assez rapidement, rentrant chez lui après trois semaines.

Bientôt sa femme s'aperçut qu'il se plaignait de lassitude, de perte d'énergie, de découragement :

« L'avenir ne représente plus rien pour moi, je suis fini, je ne ferai plus jamais rien de bien. »

Prise de panique, sa femme téléphona au cardiologue. Des examens consciencieux ne révélèrent aucune détérioration dans son bilan cardiaque, mais il était évident que le malade souffrait d'une dépression.

C'était un homme actif et ambitieux, habitué à être indépendant. Dépourvu maintenant de son rôle habituel, il se sentit perdu.

Les médecins s'attendent d'ailleurs à cette forme de dépression, qui survient après grand nombre d'infarctus. C'est pour cette raison que les cardiologues permettent maintenant le plus d'activité possible, même peu de temps après l'infarctus, activité appropriée, bien entendu, à l'état cardiaque du malade.

Des médicaments antidépresseurs ou anxiolytiques y sont ajoutés, si nécessaire.

→ **M. A. avait 65 ans.** Cet avocat de renom, en passe de céder son cabinet à ses associés, devenait de plus en plus anxieux et pessimiste, au point que sa femme craignait qu'il ne perdit la raison.

Je le trouvai plein de remords et il exprima le désir de s'endormir pour toujours.

« Si je ne me réveillais pas demain, je serais beaucoup plus heureux. Ma vie est à sa fin; ma femme et mes enfants s'en tireraient mieux sans moi. Je n'ai plus rien à espérer. »

Il était clair qu'il s'approchait de l'état psychotique (délirant), s'écartant de la réalité.

Sa femme relata qu'étant jeune homme, il avait eu deux brefs épisodes d'état dépressif, sans sévérité; tous deux associés à des pertes de prestige.

Il sortait d'un milieu familial qui s'enorgueillissait de ses réussites. La retraite, pour lui, représentait la perte de tout ce qui le valorisait.

Nous parlions longuement, souvent en présence de sa femme, qui possédait une sensibilité remarquable. Il s'agissait avant tout de trouver des activités autres que professionnelles, aptes à nourrir ses ambitions.

J'appris de sa femme qu'il aimait écrire de la poésie amusante et pleine d'esprit et qu'il avait commencé à mettre sur papier le récit de sa vie, qui promettait d'être fort intéressant, au moins pour sa famille.

Pour le moment, par contre, à cause de son état de profond désespoir, il ne pouvait former que des pensées pessimistes et parfois confuses. Il fallait donc le sortir d'abord de son état de profonde dépression.

Heureusement, les médicaments antidépresseurs l'aidèrent rapidement, et sous leur effet protecteur, nous fûmes à même de parler de sa vie, du passé, du présent et de ses plans futurs. Progressivement, il lui fut possible de voir un avenir plus prometteur, et sa guérison progressa de telle façon que, trois mois après notre première rencontre, il me montra un petit poème plein d'humour qu'il venait d'écrire.

Le deuil et la dépression

Mentionnons qu'après un décès, d'une façon générale, la plus grande tristesse dure environ six mois. Après ce temps, la vie commence à s'éclairer de nouveau et, au bout d'un an, il y a des moments de vraie gaieté de plus en plus fréquents.

Ce phénomène fut exprimé autrefois par le port de vêtements noirs pendant six mois après le décès, et de noir et blanc pendant les six mois qui suivaient.

Un deuil n'est d'ailleurs pas nécessairement suivi d'une dépression, même si la tristesse d'avoir perdu un proche est profonde.

Il peut paraître paradoxal qu'une dépression se développe d'autant plus souvent que les relations avec le défunt auront été conflictuelles. Il y aura alors plus de regrets, des ruminations sans fin sur ce qui a été dit ou pas dit, des remords souvent aigus. La certitude de ne plus jamais pouvoir offrir de réparation peut devenir une hantise. La dépression qui s'ensuit ne se développe pourtant pas avant quelques semaines après le décès. C'est comme s'il fallait un temps d'incubation pendant lequel les idées se condensent progressivement, comme les nuages avant l'éventuel orage.

Si, au contraire, il y a eu des rapports harmonieux avant la mort, et si la personne la plus proche a été à même de soulager la souffrance du défunt par des attentions affectueuses et soutenues, il est rare qu'une vraie dépression se développe, même si la perte d'un être très cher cause un chagrin profond.

Le sentiment d'avoir fait tout son possible pour rendre ce temps de grande angoisse plus supportable pour le mourant peut représenter une grande consolation.

Nous n'avons pas encore parlé du deuil après une mort subite, y compris un suicide qui, bien évidemment, représente toujours un choc intense; il apparaît que des phénomènes semblables à ceux déjà décrits se produisent ici; c'est-à-dire que les relations émotionnelles qui auraient précédé l'événement tragique influenceraient fortement la réaction psychologique des proches après le décès.

Une illustration

→ **Mme T.** voyait son mari mourir d'un cancer. Les soins s'avéraient de plus en plus difficiles, et les amis encourageaient la femme à le mettre à l'hôpital, disant qu'elle allait s'épuiser et ne jamais se remettre. *« Il faut te ménager pour vos enfants »,* disaient-ils.

Mme T. avait été infirmière avant son mariage, et son mari se sentait paniqué à la pensée de mourir à l'hôpital.

Elle persista, se levant une dizaine de fois chaque nuit, se dévouant entièrement; les enfants l'aidaient.

Son mari s'endormit paisiblement chez lui.

A la surprise de tous, elle se remit rapidement de sa très grande fatigue et continua sa vie, triste, mais sans souffrir d'une dépression.

Avant de continuer, parlons de cet événement qui hante la plupart des déprimés, leurs proches et leurs psychiatres : le suicide.

Le suicide

Généralités

C'est cet acte destructeur, souvent violent, qui en France tue plus de personnes que les accidents de la route.

Une discussion approfondie de ce phénomène tragique irait bien au-delà du cadre de ce livre. Nous allons donc nous limiter à des remarques de nature générale.

Quelques faits

Si nous nous rendons bien compte que le nombre de tentatives de suicide est beaucoup plus élevé que celui des suicides consommés, les chiffres sont néanmoins difficiles à vérifier pour des raisons évidentes.

Encore plus difficile et même impossible à identifier comme tel est le nombre de suicides indirects ou « camouflés ». Certaines formes d'accidents (surtout de voiture) sont dues à l'insouciance ou à la négligence, ainsi que beaucoup d'intoxications mortelles par alcool ou drogues. Ces attitudes sont très souvent un signe de dédain quant à la sécurité de la personne, une indifférence quant à la survie.

Nous savons que le suicide est plus fréquent chez l'homme que chez la femmc, mais que c'est l'inverse pour les tentatives. Depuis les deux ou trois dernières décennies où les rôles des sexes tendent à se rapprocher, les statistiques de suicide montrent une tendance semblable, c'est-à-dire un rapprochement des chiffres comparant hommes et femmes.

Quelques erreurs de conception

« Ceux qui parlent de suicide n'y pensent pas sérieusement. Il ne faut donc pas s'inquiéter, s'ils en mentionnent la possibilité. »

C'est faux. Le contraire est vrai. Huit sur dix des personnes qui se sont suicidées avaient donné un avertissement, parfois quelque peu dissimulé. Il s'agit d'être à l'affût et de prendre très au sérieux les insinuations de ce genre.

« Le suicide est un acte déterminé, qui ne se prête pas à la dissuasion. »

Quelle erreur ! C'est d'abord le va-et-vient des doutes : *« Vais-je vivre, dois-je mourir? Si je passe à l'acte, les autres vont-ils me sauver? »* Il y a sans doute des exceptions, mais elles doivent être rares. L'instinct vital est puissant.

« Le suicide survient au plus profond de la dépression. »

Il est peut-être surprenant que, tout au contraire, la majorité des suicides sont exécutés quand le malade commence à aller mieux. Ce n'est qu'alors qu'il retrouve l'énergie et la détermination suffisante pour passer à l'acte. Il importe de se le rappeler pour ne pas relâcher la surveillance au moment où il y a le plus grand danger.

« Il n'y a que les malades mentaux qui se suicident. »

Non, le comportement suicidaire met en évidence que la personne est perturbée et désespérée, mais pas nécessairement malade.

« Le suicide est plus fréquent parmi les riches. »
« Le suicide est plus fréquent parmi les pauvres. »

Ni l'un ni l'autre n'est vrai. Il semble que cette mort tragique affecte en nombre comparable toutes les couches de la société.

Ajoutons ici que le « geste suicidaire » (pensons à des automutilations de tout genre) ne signifie généralement pas un désir réel de mourir. C'est bien plus souvent un appel à l'aide et une façon de dire : *« Je suis plus désespéré que vous ne le pensiez. »*

Il peut aussi constituer un acte de défi ou même de vengeance.

N'oublions pas qu'il peut mener à la mort, par maladresse ou par une erreur de calcul.

Il ne doit donc pas être pris à la légère.

Prévention

Prévenir tous les suicides serait sans doute difficile à réaliser, mais il y a des moyens pour en diminuer le nombre.

- Reconnaître comme telle et suivre de près toute personne déprimée.
- Apporter une aide d'ordre social.
- Combattre l'isolement.
- S'offrir en ami solide et digne de confiance.
- Insister sur l'assistance d'un professionnel qui, en cas de besoin, hospitalisera le malade et tentera d'effectuer une cure de la dépression.

Aide aux proches après un suicide

Cette aide, parfois oubliée, est d'une importance majeure, la mort par suicide étant une des plus bouleversantes pour les proches.

Plus qu'aucune autre forme de décès, elle laisse ceux qui restent dans un état de perplexité, de honte, de doute et de désespoir qui peut durer des mois ou des années, à moins que quelqu'un ne s'en soit promptement inquiété : un professionnel, un ami proche plein de compréhension, ou un groupe de personnes ayant souffert d'expériences semblables.

Cette aide, une fois offerte, est presque toujours acceptée sans hésitation.

Traitement des dépressions

Depuis quelques années, les chercheurs ont heureusement développé quantité de médicaments efficaces, même pour les dépressions graves.

Rappelons ici qu'il s'agit de suivre les directives de son médecin quant au dosage et à la durée de la cure.

En cas d'effets secondaires, il ne faut PAS arrêter de les prendre, mais se mettre immédiatement en contact avec son médecin ou son remplaçant, pour demander conseil.

Il y a bien trop de personnes dépressives qui, ayant arrêté de prendre leur médicament trop tôt, font une rechute.

De plus, il faut un médecin averti et plein de compréhension (psychiatre ou autre) qui aidera à accélérer la guérison. Il va, peu à peu, transmettre une partie de sa confiance et de son optimisme à son malade affaibli, jusqu'à ce que celui-ci puisse reprendre le dessus.

Il y a aussi une méthode spécifique, pratiquée par quelques psychologues et psychiatres. Elle provient de la thérapie comportementale et s'adresse aux pensées négatives et à l'autocritique maladive des déprimés. Elle a prouvé sa valeur, mais ne peut être employée dans les cas graves où les pensées rationnelles font défaut.

Ceci dit, il ne faut pourtant pas faire à un déprimé des remarques comme *« La vie est belle, voyez donc comme le soleil brille »*. Cela ne servirait qu'à intensifier son sens d'isolement et sa conviction qu'il n'y a pas d'espoir pour lui, puisque les autres voient les choses si différemment de lui-même.

Pire encore : inviter le malade à *« se reprendre en main »* ne ferait que lui confirmer l'incompréhension de son entourage et tendrait à aggraver son profond découragement.

Il s'agit donc tout d'abord de l'écouter, de lui faire savoir que nous reconnaissons son désespoir comme étant très réel. En même temps, nous lui indiquerons que nous ne partageons pas son attitude pessimiste, car elle ne correspond pas à la réalité et que, au contraire, l'espoir demeure.

Attendons-nous pourtant à ce que le malade ne change pas facilement d'avis, et persistons dans notre attitude positive et confiante, sans exagération. Le changement chez le malade se verra lentement mais progressivement.

Je me souviens de plusieurs malades remis d'une dépression, qui affirmaient que le fait de voir régulièrement quelqu'un de fermement ancré dans la conviction que la situation n'était pas désespérée les avait aidés à surmonter leur état de profonde détresse.

Mais il s'agit de faire appel à beaucoup de patience.

Quant au traitement par électrochoc, tant redouté par certains, il est parfois plus efficace que les médicaments, mais s'applique à des situations soigneusement sélectionnées. Il est donné sous anesthésie générale. S'il y a des effets secondaires, ils sont de courte durée.

J'insiste pourtant sur le fait qu'autant les traitements par médicaments ou électrochoc peuvent être efficaces, autant une importante partie de la thérapie émanera toujours de l'attitude des personnes qui entourent le malade : sa famille et ceux qui le soignent.

Il n'est toutefois pas facile de soutenir un malade déprimé qui, même entouré de personnes patientes et affectueuses, les poussera souvent à la limite de leurs ressources émotionnelles.

Que faire avec quelqu'un qui voit tout en noir, dit « non » à chaque propos, rejette toute aide offerte, ne travaille plus, se traîne d'heure en heure, de jour en jour, se refuse à voir même ses meilleurs amis ou faire des projets?

Si, en plus de cela, il fait allusion à la possibilité de suicide, le dilemme devient aigu.

Au cas où il refuserait de voir un professionnel, la nécessité en deviendrait encore plus évidente, et la visite d'un médecin s'imposerait.

Souvent, à la surprise des proches qui s'attendent à une forte opposition, le fait même que, de toute évidence, son problème est pris au sérieux aide le malade à accepter la forme de traitement offerte, y compris l'hospitalisation psychiatrique.

Il est à espérer que le jour viendra où le malade acceptera l'hospitalisation sans avoir, en plus, à redouter les préjugés des autres. En effet, certains, comme au Moyen Age, voient encore la clinique psychiatrique comme un endroit à craindre, parce qu'habitée par des fous dangereux.

Par contre, une clinique psychiatrique moderne mérite d'être visitée, surtout pour observer le dévouement et l'approche compétente de l'équipe soignante.

Réponse à la question initiale

> ***« A en croire mes connaissances et amis, on dirait que tout le monde est déprimé la plupart du temps. Est-ce vrai ? Quels sont les remèdes ? »***

Les statistiques suggèrent que, si nous considérons dix personnes, une ou deux parmi elles seraient sujettes à souffrir d'une ou de plusieurs dépressions dans le courant de leur vie; chacune d'une manière différente et dans des circonstances très variées. Il apparaît aussi que le nombre de femmes déprimées serait double de celui des hommes. Ceci inclut, bien entendu, les dépressions après l'accouchement ainsi que les dépressions de la ménopause.

Heureusement, répétons-le ici, beaucoup de remèdes sont à notre portée.

La maladie maniaco-dépressive

« On me dit que ma mère souffre de maladie maniaco-dépressive. Expliquez-moi ce que cela veut dire. Quelles sont mes chances de tomber malade moi aussi ? Personne n'a encore pu me le dire. »

Généralités

Nous discutons de cette maladie dans un chapitre à part de celui des dépressions, car elle se distingue par des caractéristiques très particulières.

— Elle tend à être héréditaire, plusieurs membres d'une même famille en étant souvent affligés. Des cas isolés ne sont toutefois pas rares.

— L'état maniaque et l'état dépressif (si en effet il y a cette alternance) se suivent par intervalles, et entre-temps il y a santé mentale satisfaisante ou même excellente.

— Ces états sont relativement spécifiques pour chaque personne. Les unes ne souffrent que de dépressions, les autres (plus rares) seulement d'états maniaques; d'autres encore passent d'un état à l'autre, soit à plusieurs mois d'intervalle, soit à des intervalles très courts. Il va de soi que tous les rythmes intermédiaires sont possibles.

Quelquefois, la transition entre l'état maniaque et l'état dépressif paraît presque instantanée; un malade peut être exubérant à un moment donné et exprimer le désespoir l'instant d'après.

Il est dit que l'état maniaque ne représente que « l'envers de la médaille » de l'état dépressif; qu'il est une « défense » contre la dépression, une tentative désespérée (inconsciente) de se libérer de cette humeur insupportablement triste.

Dans cette tentative, l'infortuné malade tire toutefois bien au-delà de sa cible. Il « saute de la poêle au feu ».

Pour des raisons inconnues, la maladie maniaco-dépressive est beaucoup moins répandue depuis le début de ce siècle.

Les symptômes

Quant aux manifestations dépressives de cette maladie, elles ont été décrites dans le chapitre sur les dépressions et n'en diffèrent pas essentiellement; sauf par le fait qu'elles tendent à être particulièrement sévères et que le danger de suicide est omniprésent. Nous n'allons pas les décrire ici de nouveau, mais en donnerons des illustrations.

Parmi les états maniaques, il y a de grandes différences de gravité.

— L'état hypomaniaque

Dans cet état, relativement bénin, le malade paraît euphorique, voit « tout en rose ». Il vire d'une nouvelle idée et d'un endroit à l'autre, est exubérant, expansif et très bavard; parfois, il écrit de longues lettres en caractères hors gabarit, souvent dotés de décorations fleuries.

Son amabilité est généralement excessive; il noue des amitiés subites, aussi rapidement annulées.

Sa mémoire reste très bonne; il se sent souvent exceptionnellement lucide, ses idées s'enchaînant à grande allure; bref, il brille d'un éclat d'esprit impressionnant.

Quant à ses pulsions sexuelles, elles sont généralement exagérées et peuvent s'exprimer d'une façon inadaptée.

Le malade tend à s'habiller d'une façon voyante et souvent provocante.

Mentionnons ici que les personnes hypomaniaques que nous allons décrire montrent parfois un comportement quasi maniaque et aussi des symptômes dépressifs, ce à quoi nous nous attendons, vu la grande diversité de cette maladie.

Illustrons

→ **Mlle L., 19 ans,** arriva à notre clinique accompagnée d'une amie. Elle parla sans cesse, à une allure même plus rapide que celle de nos annonceurs de météo, et elle proféra :

« Je suis venue vous dire bonjour. Je sais que vous êtes psychiatre, mais cela ne me dérange pas. Je me sens bien, alors pourquoi me faire traiter ? »

Elle portait un chapeau à grandes fleurs, des vêtements à franges de couleurs vives.

Son amie la décrivait comme excellente dans son travail de secrétaire, *« sauf quand elle passe par ces crises, deux ou trois fois par an. Alors elle nous épuise, elle devient un moulin à paroles. Elle saute d'une activité à l'autre. La renvoyer chez elle ne sert à rien, car elle revient au bureau nous embêter. La voilà. Faites ce que vous voulez. Nous n'en pouvons plus. »*

Nous essayions de parler à Mlle L., mais c'était elle qui bavardait sans cesse, enchaînant une idée à l'autre. Vu les difficultés que nous avions à la convaincre de prendre des pilules, nous étions obligés de la garder à la clinique pour quelques jours jusqu'à ce qu'elle se calmât, sous l'effet des médicaments.

Elle continuait pourtant à s'habiller de façon extravagante, insistant sur le fait que cela lui rappelait ses épisodes heureux.

Après quelques semaines, elle était à même de reprendre son travail.

→ **M. D., 35 ans,** marié, avec deux fils, professeur de physique, avait un père maniaco-dépressif.

Chez lui-même, les premiers symptômes s'étaient manifestés à l'âge de 19 ans. Tous les quelques mois, il se sentait accablé d'une profonde tristesse sans cause apparente. Celle-ci durait des semaines, alternant avec une période d'allégresse et d'énergie débordantes, la dernière durant quelques jours seulement. Puis il retombait dans cette même tristesse pour encore quelques jours ou même des semaines.

Il rapportait :

« Au début, je ne savais pas ce que cela représentait. Les amis me considéraient comme un être maussade et capricieux et puis tout à coup si plein d'entrain que personne ne pouvait le suivre. Mes élèves ne savaient plus comment me prendre.

Maintenant, quand je sens que je vais tomber malade, je suis ou bien très triste ou un peu euphorique; mais depuis que je prends des médicaments, cela ne va jamais plus loin.

Quand je me trouve dans la phase où je suis plein d'élan et de joie de vivre, j'hésite toujours à aller voir mon médecin, car j'aime cette sensation de bien-être et de pouvoir vaincre le monde; mais ma femme y veille; elle sait que ça pourrait aller trop loin.

Mon médecin augmente alors la dose de médicaments ou en ajoute d'autres, pour que je surmonte cette crise sans trop de symptômes.

Comme ça je n'ai pas été hospitalisé depuis des années. »

→ **Mme N., 33 ans,** mariée, mère de trois enfants, infirmière avant son mariage, avait aussi un père maniaco-dépressif. Lui-même, homme d'affaires, avait grâce aux médicaments réussi à bien mener ses entreprises depuis des années.

Mme N. venait me voir, disant :

« J'ai été différente des autres depuis mes années de scolarité. Mes copains, — et j'en avais toujours beaucoup, — me trouvaient fantaisiste, disant qu'ils ne pouvaient pas compter sur moi. Je sais que je me comportais souvent de façon dramatique et que mes humeurs changeaient du beau fixe à la tempête en un temps record; puis j'avais ces périodes de désolation profonde, et personne ne pouvait m'en tirer. Quelquefois ça durait des jours et des jours.

Au fil des années, cela a changé. Maintenant je jouis quelquefois d'une grande énergie. Alors j'entreprends de belles choses; je peins la maison, je lave tous les rideaux, j'invite quantité d'amis, et tout le monde me trouve charmante, excepté peut-être ma famille qui se plaint que je ne leur laisse pas une minute de repos.

Invariablement, après ces périodes qui durent quelques jours seulement, je tombe dans un creux profond, une tristesse presque sans bornes; et alors je ne souhaite qu'une chose, ne pas me réveiller le lendemain. »

Cette malade avait déjà deviné qu'elle souffrait de la même maladie que son père, et dès qu'elle avait accepté de prendre des médicaments appropriés (dont nous parlerons plus loin), ses symptômes périodiques, sans toutefois disparaître complètement, se manifestaient plus rarement et de façon beaucoup moins intense.

→ **Mme G., 35 ans,** institutrice, décrivait plusieurs dépressions assez sévères dont elle avait souffert.

Quand je la vis pour la première fois, elle se plaignait de dormir mal, de se sentir inférieure aux autres et de trouver que la vie ne lui offrait aucune joie.

Lors du rendez-vous suivant, cinq jours plus tard, elle avait changé, parlant à grande allure :

« J'ai des sensations étranges d'euphorie, je me trouve très attirée par un voisin et ne vais pouvoir y

résister. Pourtant, j'aime mon mari, et il a toujours été bon pour moi. Je ne dors plus, je suis excitée et heureuse. »

C'était une femme de nature calme et consciencieuse, pleine de bons principes, dévouée envers son mari, croyante, pratiquante. Le changement était frappant. Il était évident qu'elle était malade.

Heureusement pour elle, son mari comprit facilement la situation et m'aida à convaincre sa femme d'accepter les médicaments dont elle avait besoin. L'amélioration de son état fut rapide.

La psychose maniaque

Cette psychose qui est l'exagération de l'état hypomaniaque alterne généralement, comme la précédente, avec des états dépressifs.

Réaffirmons toutefois que la limite entre les états hypomaniaque et maniaque n'est pas toujours facile à préciser. C'est un peu comme si un rhume s'aggravait et devenait une grippe.

La psychose maniaque s'annonce généralement par une insomnie marquée, signe prémonitoire fort utile à titre d'avertissement au malade et à ses proches.

Pendant l'état maniaque, il y a accélération de l'activité physique ainsi que psychique. Le malade n'arrête pas de bouger; il saute, il danse tout seul, il déménage les chaises, les tables et même les armoires.

Ses pensées changent au pas de course et il l'exprime en disant : *« Mes idées courent les unes après les autres »*.

Le besoin de parler s'avère si pressant que le flot de paroles ne peut être interrompu. Le malade enchaîne les idées surtout selon leur forme, négligeant le contenu.

« Je me suis couché; quel beau coucher du soleil; ne voyez-vous pas que je rayonne comme le soleil? Je suis le plus beau rayon du monde », etc.

Il déborde d'imagination, souvent aux dépens du sens de la réalité et énonce des idées grandioses, quelquefois revendicatrices ou agressives, en contraste avec sa personnalité habituelle.

Si l'humeur est enthousiaste et exaltée, elle est capable de virer rapidement à l'irritabilité ou même à la violence.

Pendant une crise maniaque, le malade perd invariablement du poids, tout comme pendant une dépression. Ce n'est pas surprenant, vu le manque de sommeil, le mouvement constant et l'absence d'intérêt pour un repas substantiel.

La tenue du maniaque est souvent extravagante comme celle de l'hypomaniaque. Dans la rue, les passants se retournent sur lui.

Vous vous êtes sans doute aperçus que beaucoup de ces symptômes font penser à l'état éthylique. Il arrive assez fréquemment qu'un malade en pleine psychose maniaque soit ramassé par la police et pris pour un ivrogne, alors même qu'il n'a pas pris une goutte d'alcool.

Quelques exemples

→ **Mme H., 52 ans,** standardiste dans une usine, rapportait :

« J'ai l'impression d'être bien appréciée dans mon travail, mais tout le monde sait que chaque printemps, je tombe malade et dois arrêter de travailler pour au moins un mois. En automne (généralement en septembre), c'est la même chose, mais ayant pris l'habitude de prendre mes vacances à ce moment-là, ça se remarque moins.

C'est vraiment bizarre; je suis bien un jour, et le lendemain je deviens comme folle. L'intérieur de ma tête change. Je ne peux alors pas m'empêcher de parler vite, parce que mes idées font la course. Les gens prétendent que mes pensées deviennent décousues. Ma fille dit que je deviens très impatiente et que si quelque chose ne me plaît pas, je crie. Elle a alors peur de moi.

Quelquefois c'est tout à fait le contraire. Mon activité ralentit, s'arrête presque. Je ne fais plus rien et l'avenir me paraît noir et sans espoir.

Alors je pense sérieusement au suicide. C'est un état horrible. Je redoute le jour où ça reviendra. »

Cette malade était de nature rebelle et n'avait donc pas suvi le traitement qui lui était proposé.

Lorsqu'elle finit par l'accepter, ses crises furent contrôlées suffisamment pour lui permettre de continuer son travail, même au printemps.

→ **Mlle A., 19 ans,** peu de temps après avoir été admise en clinique, avait réussi à bouleverser la stabilité relative de cet excellent établissement.

Bruyante, aguichante, séductrice, exubérante, elle parlait sans cesse et paraissait déterminée à bouleverser les habitudes (difficilement acquises) des infirmières.

Elle dormait à peine, se glissait dans les chambres des autres malades, de préférence masculins; amusant les uns, inquiétant les autres. Une fois nous l'avons trouvée sur la table d'examen du médecin, essayant de faire l'amour à un autre malade; bref, un « enfant terrible ».

Des médicaments appropriés arrivèrent à calmer cet état maniaque.

Certains maniaques, insuffisamment surveillés, deviennent dépensiers au point de réduire à zéro toutes leurs ressources financières.

→ **M. S., 33 ans,** professeur d'université, fut amené à notre service, au retour d'un voyage à travers les Indes. Sa femme était à ses côtés, en larmes, relatant qu'au début de leur voyage, son mari s'était montré profondément attristé par la misère qui les entourait. Elle pensait alors qu'il était déprimé. Mais par la suite, son humeur avait assez rapidement changé, virant à l'euphorie et à un état d'exaltation tout à fait inhabituel.

Elle rapportait aussi que dans chaque ville visitée, il avait acheté des meubles anciens à grand prix, les faisant expédier à leur domicile.

Sa femme l'ayant imploré de cesser de se comporter ainsi, sans aucun succès, avait finalement réussi à le ramener chez lui. Elle se voyait ruinée.

Une fois arrivé à notre clinique, il se montra désespéré et suicidaire, l'état maniaque s'étant, une fois de plus, transformé en profonde dépression. Il murmurait, d'une voix presque inaudible :

« Il sera plus facile de me suicider que de rester en clinique. Je veux rentrer chez moi. »

Une hospitalisation s'imposait. Il reçut des traitements et fut à même de reprendre sa place à la faculté, trois mois plus tard, retrouvant sa compétence habituelle.

→ **Mme D., 43 ans,** ménagère, mère de deux filles, vint me trouver accompagnée de son mari.

A l'époque de cette visite, elle se sentait bien, mais signalait que depuis l'âge de 35 ans elle avait souffert d'une maladie psychiatrique intermittente et grave.

> *« Pendant ces périodes je suis désespérée », disait-elle. J'ai terriblement peur de tout et de tout le monde, et quelquefois je veux me battre pour me défendre, je ne sais contre quoi. Alors je ne me rends pas compte de ce qui se passe, et je ne me rappelle rien. »*

Sa description indiquait, bien entendu, un état psychotique.

Son mari ajoutait que pendant ces crises elle perdait tout intérêt en ce qui l'entourait, y compris leurs deux filles, qu'elle adore; elle sombrait dans le pessimisme et perdait le sens du réel (idées délirantes).

Tous deux insistaient sur le fait qu'en général ces épisodes, qui se manifestaient toujours au printemps, ne duraient que deux semaines sous traitement, mais que le dernier avait persisté pendant presque trois mois.

Elle continua ce récit bouleversant :

> *« Mon père était violent dans sa jeunesse, il buvait beaucoup et souffrait d'attaques épisodiques de dépression sévère. Quand il avait 36 ans, pendant une de ces dépressions avec confusion mentale absolue, il a tué ma mère en lui coupant la gorge.*
>
> *On l'a alors mis dans un hôpital pour les fous criminels pendant trois ans.*
>
> *Quand finalement il a pu sortir de là il était bien, et il s'est remarié deux ans plus tard. Il a 70 ans maintenant, et grâce à des soins constants, il continue à être bien. Son mariage a l'air de marcher.*
>
> *J'ai une sœur jumelle qui est un peu comme moi. Elle a aussi eu des dépressions depuis l'âge de 36 ans, mais contrairement à moi, elle a fait deux tentatives de suicide. Elle va mieux maintenant. Elle prend régulièrement des médicaments. Mon frère, qui a 41 ans, va bien. »*

Ce témoignage nous rappelle que :

— la psychose maniaco-dépressive peut être une maladie très grave;
— elle peut se manifester dans plusieurs générations successives;
— elle se prête bien aux traitements appropriés;
— elle peut prendre la forme d'une maladie saisonnière.

Les modes de traitement

Depuis quelques années les chercheurs, heureusement, ont trouvé quantité de médicaments efficaces, même pour des formes graves de cette maladie.

Le lithium y occupe le premier plan. Il est efficace à titre thérapeutique ainsi que préventif; c'est-à-dire que s'il est donné d'une façon continue, il tend à empêcher ou au moins à rendre beaucoup moins grave l'épisode à venir de l'état maniaque ou dépressif.

D'autres médicaments peuvent ou bien remplacer le lithium ou y être ajoutés.

Comme pour toute maladie, et encore plus pour les maladies psychiatriques, le traitement doit être hautement individualisé quant à la nature du médicament choisi, ainsi qu'à sa dose. Il est intéressant de noter qu'un médicament qui se trouve efficace pour un membre de la famille a d'excellente chance de succès pour un autre membre; ceci tend à confirmer l'hypothèse qu'un déséquilibre chimique joue un rôle primordial dans cette maladie souvent héréditaire.

Comme tout autre médicament, ceux qui visent les symptômes maniaco-dépressifs peuvent présenter des effets secondaires non souhaités. Il incombe alors au médecin de modifier les doses ou la nature des produits choisis; le malade ne doit dans aucun cas se laisser séduire par l'idée d'arrêter tout traitement. L'enjeu est bien trop important.

Une fois de plus, la personnalité du médecin traitant, ainsi que celle du psychiatre, joue un rôle ici, puisque sa sensibilité et sa compréhension aident le malade à lui faire confiance. De cette manière, le malade sera plus apte à vouloir suivre le régime thérapeutique prescrit, même si celui-ci inclut l'hospitalisation.

Nous avons parlé du traitement par électrochoc dans le chapitre sur les dépressions. Les mêmes remarques s'appliquent ici. Cette méthode de traitement est efficace aussi dans le cas d'une psychose maniaque, mais en raison des succès observés avec les médicaments, ce traitement est maintenant moins utilisé qu'auparavant. Par contre, dans certaines situations d'urgence ou de sévérité exceptionnelle de la maladie, le traitement par électrochoc peut représenter la thérapie de premier choix.

Les « dépressions saisonnières »

Vous avez remarqué que certains de nos malades souffraient de leur maladie de façon saisonnière : surtout au printemps, en automne ou parfois pendant les deux saisons. Cette observation a fait, et fait encore, l'objet de beaucoup de recherches. Vous en trouvez des récits dans la presse.

Espérons que le jour viendra où des traitements visant ce phénomène pourront sortir de la sphère expérimentale; mais patientons. Donnons le temps aux chercheurs d'assurer que les risques n'excèdent pas les bénéfices.

Réponse à la question initiale

On me dit que ma mère souffre de maladie maniaco-dépressive. Expliquez-moi ce que cela veut dire. Quelles sont mes chances de tomber malade moi aussi?

Pour pouvoir juger de l'importance du risque que court un enfant de mère maniaco-dépressive de tomber malade lui aussi, mieux vaut s'adresser à un généticien (spécialiste de la génétique).

Il étudiera tous les renseignements qu'il jugera utiles sur la famille; de préférence à l'aide d'un arbre généalogique, s'il existe. Ensuite il sera à même de calculer l'importance du risque que la maladie se manifeste chez les descendants. Cette probabilité peut être exprimée en chiffres de pourcentage.

Nous voyons facilement la grande valeur de tels renseignements, surtout avant les grandes décisions que sont par exemple le mariage, une émigration, un choix de vocation ou d'autres.

La détresse prémenstruelle

« Mon mari me dit que tous les mois je change de personnalité, et je crois qu'il a un peu raison. Souvent, avant les règles, je me reconnais à peine moi-même. Y a-t-il quelque chose à faire ? »

Généralités

Cette détresse est une affection très réelle, qui se manifeste sous des formes variées. Elle est ressentie par au moins un tiers de toutes les femmes en âge de procréer.

Les symptômes sont dus très évidemment au déséquilibre hormonal à ce stade du cycle.

Nous savons depuis très longtemps que les hormones ovariennes, comme d'ailleurs toutes les hormones, ont des effets sur les fonctions cérébrales et le comportement.

Ces effets peuvent être des plus frappants. Alors qu'un déséquilibre des hormones ovariennes est susceptible de déclencher une convulsion chez une épileptique, ou un acte de violence chez une femme de nature agressive, la même instabilité transitoire peut provoquer tous les symptômes variés dont les femmes se plaignent, généralement avant mais parfois aussi pendant les règles.

Ce déséquilibre peut en plus influencer d'autres systèmes hormonaux, en particulier ceux qui règlent la sécrétion et la rétention de l'eau, de telle façon que des états œdémateux en résultent. Nous en parlerons plus loin.

Les symptômes

Ceux-ci sont des plus variés et pas toujours perçus comme désagréables.

Certaines femmes, plusieurs jours avant leurs règles, ressentent une énergie et une joie de vivre débordantes, souvent associées à un désir plus intense de faire l'amour. L'une d'elles me disait :

« Je ne vis que pour ces temps-là, le reste du mois est un peu terne en comparaison. »

La plupart du temps pourtant, c'est la souffrance (psychologique et parfois physique) qui domine les trois ou quatre jours précédant le début des règles, et se prolonge souvent jusqu'au temps de la menstruation elle-même.

Nous n'allons pas nous attarder sur les souffrances physiques, telles que maux de tête, douleurs de l'abdomen ou des jambes, qui sont si fréquentes, mais nous intéresser plutôt aux troubles d'ordre psychologique.

Ceux-ci vont d'ailleurs souvent de pair avec l'état d'œdème généralisé, accompagné d'un gain de poids considérable. Quoi de plus bouleversant que de se voir victime d'une transformation de son corps sur laquelle on n'a aucune influence. Si, comme c'est souvent le cas, la femme se voit obligée de porter des vêtements d'une ou même de deux tailles supérieures à ses dimensions habituelles, elle risque de s'affoler.

L'intensité de la tension nerveuse prémenstruelle est inconnue à d'autres moments du cycle, excepté dans les rares cas où elle commence déjà peu de temps après l'ovulation (au milieu du cycle) et se prolonge jusqu'au début des règles. Nous allons laisser les femmes elles-mêmes exprimer ce qu'elles ressentent, notant des observations faites pendant une des réunions d'un petit groupe de femmes désireuses de partager leurs expériences avec d'autres.

→ **Louise :** *« C'est incroyable que mon mari reste encore avec moi. Je sais que tous les mois pendant plusieurs jours je lui gâche totalement la vie. Il dit bien que je suis assez douce d'habitude, mais une fois la moitié du cycle passée, je commence à tourner en mégère. C'est affreux, je m'en rends bien compte, mais je ne peux rien y faire. Tout m'agace alors : sa façon de s'habiller, de manger, de se moucher, de me parler. Je le critique donc constamment et ne lui laisse aucun moment de tranquillité. Une fois les règles commencées, je me calme, et il dit qu'il retrouve la "petite femme mignonne" qu'il avait cru épouser. Le pire est que cela a l'air de s'aggraver de mois en mois. Comment cela va-t-il se terminer ? »*

→ **Jeanne :** *« Je te comprends bien, mais c'est un peu différent avec moi. Dès que les enfants rentrent de classe, je les harcèle. Faites ceci, ne faites pas cela, pourquoi êtes-vous rentrés si tard ? et ainsi de suite. Ils s'enfuient alors dans leur chambre, mais je suis tellement en colère, que je me sens obligée de les suivre, et cela continue. Alors ils se rebellent, ça se comprend, et je me fâche encore plus. Une fois j'ai même giflé notre fils, pour peu de chose d'ailleurs, et ce n'est pas du tout dans mes habitudes. Quelle horreur ! »*

→ **Annie :** *« Oui, c'est affreux ce qu'on peut faire pendant ces jours-là. Moi, je suis saisie d'angoisse et surtout je pleure. La moindre remarque de la part de qui que ce soit et je fonds en larmes. Cela m'arrive même au travail. Quelle honte, et quand je réalise l'effet que cela fait sur les autres, je pleure encore plus, tellement je me sens gênée. Pour le moment, ils me gardent encore, mais je ne sais pas combien de temps ça va durer. »*

→ **Céline :** *« Avant mes règles, je me comporte souvent comme une folle, et j'ai l'impression que je ne peux rien y changer. Je ne savais pas qu'il y avait tant de haine en dessous de cette image gentille que je m'étais faite de moi. Cela tombe généralement sur ma famille. Ma mère me comprend, parce qu'elle se rappelle avoir été comme ça étant jeune, et elle essaie de me raisonner, mais ça ne sert à rien, parce que j'ai alors passé le point de pouvoir réfléchir. Mon père et ma petite sœur se tiennent à distance, sachant que le volcan peut exploser à tout moment. Pour comble de malheur, je grossis soudainement, et je ne peux plus porter mes jupes. Cela me dégoûte. »*

→ **Nathalie :** *« J'ai 33 ans, un mari plutôt gentil qui me respecte et trois enfants sans gros problèmes, mais tous les mois, juste avant et même un peu pendant les règles, je dégringole. Alors je ne me reconnais plus, ou peut-être me reconnais-je trop? Tout est grossi. Ce que je voyais comme un petit souci hier, devient un grand problème. Je fonds en larmes pour un rien. Je néglige mon ménage, je mange de façon excessive et j'ai envie de dormir tout le temps. Notre vie de famille est alors toute bouleversée. Les enfants ne savent plus à quoi s'attendre et réagissent chacun à sa manière. C'est le chaos. Mon mari trouve des excuses pour rester plus longtemps à son travail. Heureusement, il se rend compte que ça ne dure que deux ou trois jours, sinon il serait peut-être parti depuis longtemps. »*

→ **Marguerite :** *« Laissez-moi donc tranquille avec toutes vos histoires. Je n'en peux plus, j'en ai ras le bol. En sortant de la maison ce matin, tout était en désordre, j'étais près d'exploser. Aucun des enfants ne faisait ce qu'il devait faire; de quoi en devenir folle. »*

→ **Dominique :** *« Mais, Marguerite, tu me parais toute différente de ce que tu es d'habitude; est-ce que par hasard tu attendrais tes règles ? »*

C'était en effet le cas, et tout le monde se mit à rire — sauf Dominique elle-même; elle ne bénéficiait pas de son sens de l'humour habituel.

Les problèmes prémenstruels des femmes sont confirmés par leurs maris, comme ce gynécologue qui se lamentait :

« Tous les jours, j'écoute les récits de malades qui se plaignent de troubles psychologiques précédant leurs règles, et je suis tout à fait conscient de la souffrance par laquelle elles passent régulièrement.

Pourtant, il y a des jours où j'en ai assez. C'est qu'en rentrant chez moi après une journée fatigante au cabinet, ma femme me reçoit avec un : "Pourquoi arrives-tu si tard, alors que le dîner est prêt depuis une heure déjà et que les enfants m'ont agacée toute la journée ?" *J'ai alors du mal à ne pas exploser. Pourtant, je sais que c'est hormonal, mais j'ai supporté des malades toute la journée, dois-je en subir une autre à la maison ? »*

Heureusement, ce gynécologue s'est rendu compte qu'il fallait un remède à cette situation et il s'en est occupé par la suite.

Nous allons donc énoncer les possibilités d'aide.

Les traitements

La plupart des femmes se sentent soulagées en apprenant que c'est leur système hormonal qui leur joue des tours plutôt que leurs nerfs, même si ce sont «les nerfs» qui en souffrent. Elles se voient donc moins inadaptées.

Marquer sur un calendrier le moment où elles devront de nouveau s'attendre à des journées difficiles et en informer la famille peut amener à plus de compréhension.

La femme elle-même essaiera de ne pas remplir ces jours-là d'occupations particulièrement stressantes.

Très souvent, même si la rétention d'eau n'est pas visible, un diurétique pris pendant ces jours réduit la tension nerveuse.

Si ces moyens ne sont pas suffisants, des médicaments anxiolytiques à faibles doses sont indiqués.

Réponse à la question initiale

> ***« Souvent, avant les règles, je me reconnais à peine moi-même. Y a-t-il quelque chose à faire ? »***

Le comportement de la femme peut en effet subir des altérations considérables avant ses règles, et celles-ci se manifestent souvent comme un changement temporaire de la personnalité.

Ces troubles sont pourtant transitoires, et il y a des moyens pour y remédier.

La dépression *post partum*

« Je suis enceinte, vais-je être toute déprimée après la naissance comme ma voisine, Docteur ? »

Observations générales

Cette forme de dépression est une détresse très spéciale qui suit un accouchement. Des facteurs hormonaux (chute subite de certaines hormones accumulées pendant la grossesse) se superposent aux facteurs psychologiques.

Grand nombre d'accouchées se plaignent d'un « cafard », qui ne persiste généralement pas au-delà de dix jours.

—— Quelques caractéristiques

La vraie « dépression *post partum* » se développe à partir de deux à trois jours après les couches, mais peut être retardée de plusieurs semaines. Elle est plus fréquente après la première grossesse.

Une insomnie intense est fréquemment le symptôme initial; celle-ci est accompagnée d'anxiétés d'abord vagues, souvent concentrées sur la santé du nouveau-né, dont l'existence est parfois vue comme un fardeau, une responsabilité démesurée, ou même une menace.

Quelques cas

→ **Mme N.** se rappelait :

« Quand je voyais mon fils, je m'apercevais que je ne l'aimais pas comme je l'aurais dû. Pourtant, je me faisais d'énormes soucis sur sa santé. Je ne pouvais pas me comprendre moi-même. Puis je me mettais presque à le haïr. Quand il me réveillait pendant la nuit, et qu'il fallait le nourrir, j'étais prête à le battre. »

→ **Mme B.** ne voulait plus allaiter son nouveau-né (ce qu'elle avait sereinement envisagé alors qu'elle était encore enceinte) et elle refusait de changer ses couches. Elle hésitait chaque fois quand il fallait le toucher. Avait-elle peur de lui faire mal?

Peu à peu, elle se désintéressa de son ménage, de son mari et de tout ce qu'elle aimait auparavant.

Elle demeura profondément déprimée pendant plusieurs semaines.

→ **Mme R.,** dix jours après son accouchement, avait encore à peine quitté son lit. Quand je la vis chez elle, elle avait le dos tourné et ne parlait pas.

Son mari, affolé, décrivait ce qui paraissait être de l'anxiété exagérée au sujet du bébé, dès le retour de clinique... Elle dormait à peine, mangeait peu et parlait incessamment des catastrophes qui pourraient arriver à son enfant. Elle se plaignait que personne ne la comprît.

Depuis la veille, elle était devenue presque muette et quasi immobile, les yeux grands ouverts, fixant le mur.

→ **Mme M.** qui disait avoir toujours été *« nerveuse et anxieuse »*, avait perdu son sommeil trois jours après la naissance de son premier enfant. Par la suite, elle fit une dépression sévère qui dura trois mois. Une fois guérie, elle raconta :

« La première fois que j'ai vu mon bébé, je ne l'ai pas aimé; petit à petit seulement me sont venus des sentiments d'affection pour lui, mais j'étais toujours furieuse de devoir lui donner à manger. Longtemps encore, quand il faisait du bruit la nuit, j'étais prête à le secouer. »

Des antécédents qui peuvent être significatifs

Cette jeune femme avait appris que sa mère avait envisagé de l'abandonner quand elle était petite, dans le but d'une adoption ultérieure. Elle me disait : *« Je ne le lui ai jamais pardonné. »*

Son mari communiquait peu avec elle et ne réussissait à être affectueux qu'après avoir bu. Il participait à peine aux soins de l'enfant.

Des antécédents comparables sous certains aspects furent décelés dans le passé de plusieurs des autres malades précédemment citées.

Il paraît logique que la jeune femme puisse être prédisposée à un déséquilibre psychologique au moment d'assurer elle-même le rôle de maman, si elle a eu des conflits sérieux avec sa propre mère dans le passé. Un manque de soutien par le conjoint ne peut que détériorer encore la situation.

—— Autres caractéristiques

Pour revenir à nos patientes, bien qu'une détresse intense et une dépression anxieuse occupent généralement le premier plan, les sentiments plus ou moins hostiles et parfois même violents envers le nouveau-né, comme nous l'avons vu précédemment, font souvent partie de cette maladie. Ce symptôme est difficilement admis par la jeune maman; ne pas adorer son enfant est « tabou » dans notre société.

Il est évident, toutefois, qu'elle ne mérite aucun blâme. Elle souffre d'une maladie qui affecte ses sentiments, qu'elle ne comprend nullement et qu'elle essaie vainement de combattre. Le fait est qu'une fois guérie, elle redevient une maman comme les autres et souvent une « maman modèle ».

Quant à certains de ses proches qui, involontairement, auraient contribué à sa maladie (comme nous l'avons mentionné), il n'y a également pas lieu qu'ils se culpabilisent... Nous contribuons tous, d'une manière presque toujours involontaire, aux émotions (présentes ou futures) de nos proches... Pour le bien autant que pour le mal.

—— Le pronostic

Les jeunes mamans que j'ai citées, comme la grande majorité d'ailleurs, se sont remises de leur maladie après une durée variable, de quelques semaines à plusieurs mois... La qualité du traitement, dont nous allons maintenant parler, y joue évidemment un rôle.

Le traitement

Celui-ci est complexe et très individualisé, s'adressant aux diverses causes du problème :

— Le déséquilibre hormonal rentre dans l'ordre graduellement, le plus souvent sans intervention spéciale.

— Un traitement par médicaments antidépresseurs et/ou anxiolytiques est souvent indiqué, surtout au début... Tout en observant certaines précautions, si la maman allaite.

— Les conflits interpersonnels dans le passé et au présent, que nous avons mentionnés plus haut, réclament une thérapie psychologique compréhensive. Celle-ci se fera de préférence en présence du père de l'enfant.

—— Le rôle du conjoint

Je voudrais mentionner ici que la présence du conjoint dans des entrevues thérapeutiques est d'autant plus souhaitable que, sans aucun doute, il souffre considérablement lui-même... Un événement attendu avec tant de joie depuis des mois a causé une maladie. Quel désappointement !

De plus, il n'est pas facile de vivre avec quelqu'un qui est déprimé (comme le décrivent les chapitres sur les autres formes de la dépression), et le bouleversement que cause la dépression d'une jeune femme de laquelle dépend tout un ménage est très réel; encore plus s'il y a déjà d'autres enfants.

J'ai connu des maris, précédemment bien portants, qui sous l'effet de ce stress se démoralisaient au point de demander des médicaments pour eux-mêmes.

L'un d'eux disait :

> *« Je fais ce que je peux pour aider ma femme, mais elle n'est jamais satisfaite. Je sais qu'elle est déprimée et n'y peut rien... Mais combien de temps cela va-t-il durer ?... Quand voudra-t-elle reprendre au moins un peu d'activité sexuelle ?... Comme cela, ce n'est plus une vie. »*

Cette multitude de facteurs est prise en considération dans une thérapie bien menée.

La naissance, un temps de crise

Le fait que la naissance d'un enfant, même sous les meilleures conditions, représente un temps de crise, tend à stimuler l'efficacité du traitement plutôt que l'inverse. Une telle crise est un peu comme un tremblement de terre, où l'ordre des choses est bouleversé. Ce qui se trouvait en profondeur est propulsé à la surface... Et inversement. Tout ce qui paraissait évident dans le passé est remis en question.

Un être tout nouveau est entré dans la vie du couple. Rien ne sera plus jamais comme avant.

C'est à cet état d'esprit que s'adresse le traitement psychologique, mené différemment selon chaque situation individuelle.

Souvenir d'une malade guérie

→ **Une maman** depuis longtemps guérie dit :

« Avec le recul, on se rend compte que l'on a souffert beaucoup, mais que l'on a su tirer profit de cette dépression... Et du traitement. On se connaît mieux après, on connaît mieux les autres... Surtout ceux qui souffrent d'une dépression... On reconnaît que ce n'est pas une maladie « qui vous tombe dessus », *mais plutôt que c'est une partie de vous-même qui s'est exprimée ainsi. »*

La prévention

Cela dit, nous voudrions pourtant ajouter que la prévention demeure toujours la meilleure thérapie.

Alors qu'en ce qui concerne le déséquilibre hormonal les moyens de prévention ne sont toujours pas connus aujourd'hui, du côté psychologique, il y a beaucoup à faire. Ceci est admis de plus en plus depuis quelques années.

Une attitude compréhensive et protectrice envers la jeune femme pendant sa grossesse (de la part de ses proches et surtout de son mari) semble pouvoir compenser les dommages subis pendant l'enfance.

C'est dans cet esprit que se sont développées les « classes de maternité », où la participation active des futurs papas ajoute un facteur essentiel au sentiment de sécurité de sa femme. Cet effet est encore renforcé par la présence du jeune père à l'accouchement et ensuite par l'aide qu'il apporte aux soins du nouveau-né... Souvent, il continue à partager avec sa femme certaines occupations qui autrefois incombaient exclusivement à l'épouse.

Je suis sûre que les statistiques futures démontreront les bienfaits de ces changements, en faisant apparaître une diminution du nombre de ces dépressions.

Bien que ce soit plus difficile à mesurer, nous pourrons aussi nous attendre à une heureuse amélioration dans la qualité de vie de ces jeunes couples et de leurs enfants.

Réponse à la question initiale

« Je suis enceinte, vais-je être toute déprimée après la naissance comme ma voisine, Docteur ? »

Non, Madame, il est peu probable que vous ayez à souffrir de dépression après votre accouchement, surtout si vous suivez les mesures préventives mentionnées dans ce chapitre.

La ménopause

« J'ai 47 ans. J'ai peur. Que va-t-il m'arriver pendant la ménopause ? Pourrai-je encore travailler ? Vais-je être déprimée ou devenir folle ? J'ai entendu tant d'histoires sur les problèmes de la ménopause que je ne sais plus à quoi m'en tenir. »

Généralités

Les récits variés sur la ménopause abondent et sont d'autant plus effrayants que la personne qui en fait le récit est avide de nous impressionner.

Le terme de *ménopause* (ou de *climatère*) signifie tout simplement *arrêt des règles*. Mais cette période de la vie de femme est peut-être entourée de plus d'idées préconçues, de superstitions, de pressentiments angoissés et de mystique qu'aucun autre stade de la vie.

Il est vrai que l'arrêt des menstruations, dû à la réduction des hormones ovariennes, entraîne la fin des possibilités de reproduction.

Ne soyons pas surpris que, d'une façon générale, les femmes n'ayant jamais eu d'enfant soient beaucoup plus attristées que les mères de famille nombreuse. Pour les premières, le temps de l'arrêt des règles peut bien signifier la fin d'un rêve, une fin souvent mal vécue.

Pour d'autres, ne plus envisager de grossesses peut être une délivrance. Autant une famille nombreuse signifie souvent le bonheur, autant un enfant de plus tend à devenir une surcharge quand la femme approche la cinquantaine.

Je me rappelle vivement une femme d'une quarantaine d'années, qui avait élevé cinq enfants avec grand dévouement et en attendait un sixième. Elle me dit avec un air de profonde conviction :

« Vous savez, Madame, combien j'adore les enfants, mais si ce n'était pour l'opinion publique, je sais que j'abandonnerais celui-ci à la naissance en vue d'une adoption ultérieure. Je rêve maintenant d'un peu plus de repos. »

Nous savons tous que pouvoir concevoir et porter à terme un enfant est loin d'être la seule fonction dont une femme peut s'enorgueillir. En ces temps modernes, elle peut être productive, créatrice et heureuse longtemps après avoir mis au monde et élevé son dernier enfant.

La ménopause est le carrefour où beaucoup d'expériences se croisent; où la jeunesse se change en âge mûr, où le rôle maternel se transforme, tout en restant très présent.

Elle s'accompagne d'événements tant d'ordre émotionnel que d'ordre physique, que nous allons évoquer.

Symptômes physiques

Ceux-ci sont minimes pour les unes, accablants pour les autres.

Mis à part les bouffées de chaleur, qui peuvent se produire toutes les quelques minutes ou seulement plusieurs fois par jour, il y a aussi des maux de tête, parfois plus fréquents à ce moment de la vie. Les vraies migraines par contre, si elles ont posé des problèmes dans le passé, ont tendance à disparaître.

Les bouffées de chaleur sont souvent accompagnées de transpirations abondantes, de coloration rouge vif du visage et de lassitude. Elles sont donc affaiblissantes et embarrassantes à la fois. La femme a bien raison de s'en plaindre.

Un exemple

→ **Mme M., 52 ans,** soupirait :

« Je ne sais pas combien de fois par jour j'ai dû m'essuyer le front, et souvent je transpirais de tout mon corps. J'attrapais des rhumes, l'un après l'autre.

J'ai dû arrêter mon travail de vendeuse; impossible de servir les clients dans cet état.

J'avais peur de prendre des hormones, mais finalement je n'en pouvais plus, et mon médecin m'en a prescrit. Quel soulagement. »

Un autre phénomène, qui se produit presque invariablement à cette période de la vie, est vivement regretté par la plupart des femmes. C'est l'épaississement de la taille et le gain de poids. De jeune personne svelte, elle se change en « matrone » et doit s'y résigner. Toutefois, il y a des exceptions; mais il faut avouer qu'elles confirment la règle, plutôt que de la contredire.

Vie émotionnelle

Il paraît toutefois qu'une grande partie de l'appréhension qui surgit à l'approche de la ménopause est focalisée sur les aspects psychologiques. Nous entendons des femmes parler de leurs amies qui devenaient alors irritables, perdaient le désir de faire l'amour, ne sortaient plus, avaient l'air de plus en plus déprimées ou même « un peu bizarres », et donnaient l'impression que tous ces bouleversements étaient dus à la ménopause.

N'est-ce pas suffisant pour faire peur?

Selon une plaisanterie commune, *« jusqu'à la cinquantaine c'est une ascension pénible; au-delà c'est la dégringolade »*.

N'est-ce pas suffisant pour se décourager?

Le bilan hormonal n'est pourtant pas le seul changement qui influence l'équilibre émotionnel de la femme pendant cette phase. Un grand nombre d'autres facteurs interviennent, dont l'impact est peut-être encore plus important. Ce qui est souvent pris pour « l'effet de la ménopause » et mis sur son compte peut au contraire provenir d'événements plus extérieurs qui, comme par hasard, se situent dans cette période de la vie.

Citons-en seulement quelques-uns.

Un enfant après l'autre quitte le foyer ou l'aura déjà quitté, créant la situation du « nid vide » qui pèse lourd sur beaucoup de femmes.

Si au contraire il n'y a pas eu d'enfants, la certitude s'impose qu'il n'y en aura jamais, prise de conscience souvent pleine de regrets et de tristesse.

Le mari est parfois très tenu par son métier ou se trouve à la cime de sa carrière, toujours occupé, toujours pris par ses obligations, qui lui laissent peu de temps à passer avec sa femme.

Est-il vrai qu'il y a plus de maris infidèles autour de la cinquantaine? Les statistiques dignes de confiance nous manquent; mais quoi qu'il en soit, le doute existe et peut contribuer aux tensions nerveuses de la femme.

Elle-même se voit vieillir et perdre de son charme d'antan; une triste perspective.

Doit-on alors s'étonner du fait que beaucoup de femmes sont inquiètes, angoissées, et se sentent harcelées, même s'il n'y a pas de bouffées de chaleur excessives ou d'autres misères physiques?

N'ont-elles pas vu comment la vie de leurs sœurs, leurs cousines ou leurs amies avait subi de grands changements et que rien n'était alors plus jamais comme avant?

Rappelons aussi que la ménopause, pour des raisons déjà mentionnées, représente un temps de stress. Il a été prouvé maintes fois que «le stress», de quelque nature qu'il soit, peut déclencher des maladies qui ne se seraient pas manifestées en d'autres circonstances. Ceci est aussi vrai pour les troubles psychologiques que pour les maladies «purement physiques».

Une femme ayant souffert de symptômes névrotiques dans le passé (de quelque nature qu'ils soient), en manifestera sans doute aussi pendant ce «temps critique».

Si elle a une personnalité difficile (voir le chapitre sur les troubles de la personnalité), ces troubles seront peut-être plus prononcés pendant la ménopause.

Le même phénomène s'applique aux dépressions qu'elle aurait subies dans le passé. Il est probable que cette tendance percera maintenant de nouveau.

Il y a même certains types de psychoses qui, rarement il est vrai, peuvent se manifester pendant ce temps, et pendant ce temps seulement, pour disparaître ensuite.

Tout cela ne veut pas dire que la femme « est devenue folle », mais qu'au contraire elle souffre d'un déséquilibre psychologique déclenché par le stress de la ménopause, généralement passager.

Des témoignages

Ceux-ci se révèlent aussi variés que les femmes qui en sont les auteurs.

Citons d'abord des exemples qui contredisent les prédictions de mauvais augure et qu'heureusement nous rencontrons fréquemment.

→ **Mme L. :**

« Mes règles se sont arrêtées très graduellement, et si ce n'était pour cela, je n'aurais même pas su qu'il y avait quelque chose de changé. Mon mari aussi me trouvait tout à fait la même. Après le départ des enfants, nous pouvions faire l'amour avec plus d'abandon, sans la crainte d'être interrompus ou indiscrets. Nous n'avons même plus à nous inquiéter des moyens de contraception. A beaucoup de points de vue, la vie paraît plus facile maintenant.

Je prends un cours de comptabilité. C'est quelque chose que je voulais faire depuis longtemps. »

→ **Mme O. :**

« Tout le monde paraît avoir une peur innée de la ménopause, comme si c'était une fin, au lieu d'être un nouveau début. Autrefois, quand vous ne pouviez plus avoir d'enfants, la vie paraissait sans doute terminée.

Mais maintenant, quelle différence ! Oui, j'ai eu des bouffées de chaleur, mais pas assez pour vraiment m'affecter. J'étais trop occupée pour m'y arrêter longtemps. Notre dernier enfant n'avait pas encore quitté la maison, et il y avait déjà des petits-enfants. Nous vivons tous près les uns des autres. Alors c'est un va-et-vient constant. Je me sens comme recyclée. Tout le monde a besoin de moi; c'est une bonne sensation, mais j'avoue que c'est parfois épuisant.

Ma mère disait toujours: « La ménopause ce n'est rien. Si tu as une bouffée, tu t'assieds, tu bois un verre d'eau, et ça passe. »

Maintenant encore j'ai des bouffées de temps à autre. Je respire profondément, et ça va mieux.

Le fait d'être heureuse avec mon mari aide aussi. Si je ne l'avais pas, ce ne serait sans doute pas la même chose. »

Nous savons toutefois que les troubles émotionnels peuvent être très réels.

En voici des exemples :

→ **Mme E., 49 ans,** relate :

« Oui, j'ai des bouffées de chaleur. De plus, je suis tellement irritable que je réveille notre fils au milieu de la nuit, parce qu'il n'a pas fait son travail de classe.

Si notre fille sort avec un copain que je n'aime pas, je la gronde comme une gamine. Je suppose que c'est dû à la ménopause.

Pourtant, j'ai toujours été fort irritée par les imperfections. Alors ce n'est peut-être qu'une exagération de ce que j'ai toujours été.

Je dois vous dire aussi que mon mari est alcoolique. Je me sens vraiment seule pour prendre toutes les responsabilités. Il rentre le soir, et après le souper, il se met à boire. Puis il se couche, ou parfois je dois le coucher. C'est dur, dur. »

→ **Mme G., 50 ans,** se trouvait en période de ménopause. Pendant ce temps, son mari et elle s'étaient séparés; elle envisageait alors le divorce.

Elle se sentait abattue, découragée et très anxieuse. Pourrait-elle affronter la vie future toute seule? Ses bouffées de chaleur s'aggravaient, elle souffrait de maux de tête presque constants, mangeait mal et se faisait des soucis tard dans la nuit, sans pouvoir s'endormir.

Tout cela ne pouvait pas être dû à la ménopause, pensait-elle, mais peut-être se sentirait-elle mieux si elle prenait quelques hormones?

Il va sans dire que les deux femmes mentionnées s'étaient senties submergées par un grand nombre de soucis qui n'étaient pas directement associés à la ménopause. Les médicaments n'auraient donc pas pu résoudre leurs problèmes.

Cela nous amène aux différentes formes d'aide possible pendant ce temps «critique».

Les traitements

— Par médicaments

Le choix de l'approche thérapeutique semble assez simple quand les symptômes laissent peu de doute sur le fait qu'ils proviennent du déséquilibre hormonal; mais comme pour tout autre médicament, il ne s'agit pas de prescrire sans réflexion préalable; c'est-à-dire que pour soulager les bouffées de chaleur, le médecin ne conseillera pas automatiquement des hormones. Celles-ci, tout en étant généralement efficaces pour éliminer ou au moins réduire ces symptômes désagréables, peuvent, rarement, comporter des risques. Seul le médecin pourra en évaluer l'importance dans chaque cas.

D'autres types de médicaments, peu utilisés, mais susceptibles d'être efficaces, sont ceux qui visent le déséquilibre du système vago-sympathique (végétatif). Ils ne provoquent que très rarement des effets secondaires et peuvent réduire à zéro les bouffées et les transpirations. Demandez à votre médecin de vous conseiller.

S'il y a des symptômes émotionnels sévères, leur traitement par médicaments antidépresseurs, tranquillisants majeurs ou anxiolytiques est indiqué comme dans tout autre stade de la vie, mais souvent à des doses plus réduites, vu la sensibilité toute spéciale qui règne pendant la ménopause.

— L'approche psychologique

Celle-ci est, comme toujours, d'une si grande importance qu'elle peut parfois aider à soutenir le moral de la femme à un point tel qu'elle attache moins d'importance aux symptômes strictement physiques.

Tout d'abord elle peut souvent à elle seule contribuer à passer ce cap sans trop de bouleversements.

Comme les entreprises qui veulent demeurer compétitives, la femme aura avantage à s'adapter aux nouvelles conditions, en se créant de nouveaux champs d'action, de nouveaux intérêts, peut-être de nouvelles attitudes.

Il y a de plus en plus de femmes qui, maintenant libérées de leurs responsabilités concernant l'éducation des enfants, réussissent pour la première fois à réaliser un rêve de longue date : se joindre à une chorale, se consacrer à des travaux manuels ou au jardinage, s'engager dans des activités bénévoles, donner des cours sur des sujets de leur compétence, faire ou reprendre des études. Les exemples abondent, et vous pourrez sans doute en citer vous-mêmes.

Quelquefois pourtant, pendant ce temps « critique », la femme aura besoin d'un support moral donné par un professionnel compétent et bienveillant. Il s'agit surtout de renforcer sa confiance en elle; en sa féminité qui survit malgré l'arrêt des règles et en sa capacité de toujours jouir d'une vie pleine de satisfactions. Après tout, il y a peut-être encore une moitié de vie à parcourir. Profitons-en le plus possible, et donnons la chance aux autres de profiter de notre présence, qui peut rester agréable ou même le devenir davantage.

La « ménopause de l'homme »

Ce sujet est souvent évoqué, par les femmes autant que par les hommes; mais il est encore soumis aux hypothèses, et les théories sont peu approfondies. Je ne voudrais donc pas m'y aventurer.

Réponse à la question initiale

« J'ai 47 ans. J'ai peur. Que va-t-il m'arriver pendant la ménopause ? Pourrais-je encore travailler ? Vais-je être déprimée ou devenir folle ? »

Non, il n'y a pas lieu d'avoir peur. La ménopause est certes un temps de crise, presque imperceptible pour les unes et assez éprouvant pour les autres.

Pourtant, comme nous avons essayé de le montrer, une grande partie des événements de cette période ont des rapports très indirects avec le seul changement du taux hormonal. Ils relèvent surtout de facteurs psycho-sociaux qui pendant ce temps de transition se manifestent parfois défavorablement. Ceci est comparable à cette autre étape de la vie qu'est l'adolescence.

Les troubles de la personnalité

« Un médecin m'a dit que mon mari avait un trouble de la personnalité. Qu'est-ce que cela veut dire ? Je sais qu'il est difficile de vivre avec lui, mais que peut-on faire ? »

Généralités

Etre homme ou femme, c'est avoir une personnalité. D'après le Petit Larousse, « personnalité » signifie « individualité consciente ». Autant d'êtres humains, autant de différentes personnalités. La grande variété de caractéristiques qui les composent s'associent comme les couleurs dans un kaléidoscope.

Nous parlons toutefois de « personnalités types », qui nous frappent par leurs particularités distinctes et dont les autres attributs pâlissent à côté de ces traits prédominants.

Leur description va sans doute vous rappeler certains de vos amis, votre famille ou bien vous-mêmes.

Si ces traits sont frappants à l'excès, au point de gêner les autres ou d'embarrasser la personne elle-même par les conséquences de cet excès, nous parlons de « troubles de la personnalité ».

Contrairement aux névroses, ces difficultés suscitent moins de souffrance chez les personnes qui en sont affectées que chez ceux qui les entourent. C'est sans doute parce que ces caractéristiques se sont implantées dès la première enfance et font donc partie intégrante de la personnalité. Elles sont familières à l'individu et ne le gênent donc pas; en revanche, elles peuvent grandement perturber les autres.

C'est parce qu'elles ne souffrent pas elles-mêmes que les personnes affectées de troubles de la personnalité cherchent rarement le conseil des psychiatres, qui doivent soigner les proches à leur place.

Comment ces troubles se sont-ils formés?

Il faudrait un livre entier pour répondre à cette question. Nous allons donc simplement nous rappeler que trois grands facteurs rentrent dans la formation de tout caractère. C'est d'abord l'hérédité (les gènes), puis l'exemple des autres (surtout des proches), et enfin l'éducation et les autres influences de l'entourage (les effets socio-culturels).

Il paraît donc logique que les *troubles* de la personnalité dérivent aussi de ces trois paramètres, de manière différente dans chaque cas.

La personnalité, une fois formée vers le début de l'âge adulte, représente une sorte d'insigne que son propriétaire porte sans trop s'en apercevoir.

Essayer de la changer ou d'en modifier les troubles est donc difficile et n'est pas envisagé à la légère.

C'est indubitablement la psychanalyse qui aurait la plus grande chance de succès, mais elle demande un investissement important de temps de part et d'autre et de moyens financiers du côté du patient. Une psychanalyse bien menée pourra toutefois changer le cours d'une vie, si la personne affectée de ce trouble a le profond désir de changer.

Une autre méthode très satisfaisante pourrait être une thérapie de groupe guidée par un ou deux professionnels.

Ce groupe, s'il est disponible dans votre commune, serait idéalement composé de 10 à 20 membres de tempéraments très variés qui, par leur sens commun, auraient vite fait de déceler les particularités et les faiblesses des autres et de s'aider mutuellement. Les professionnels se chargeront de réduire au minimum les attitudes fâcheuses et injecteront des idées utiles puisées dans leur expérience.

Dans un tel groupe à but thérapeutique, des points de vue sont échangés qui, dans une ambiance moins sympathisante, pourraient blesser. Petit à petit, une impression modifiée de soi-même se forme, et de là, un changement progressif du comportement. Ce changement est suivi d'une amélioration des relations avec autrui, qui est positivement perçue par les autres membres du groupe, ainsi que par les proches. Du fait de l'encouragement qu'ils vont donner, le progrès se fera d'autant plus rapidement.

S'engager à une thérapie de groupe demande un certain courage. *« Qui vais-je rencontrer? Que vont-ils dire de moi? »* Mais le bénéfice sera tangible.

Les différents troubles de la personnalité

Bien que les scientifiques aient décrit grand nombre de troubles de la personnalité, nous allons limiter notre discussion aux plus répandus, qui me semblent être

- la personnalité obsessionnelle,
- la personnalité paranoïaque,
- la personnalité hystérique,
- la personnalité dépendante.

La personnalité obsessionnelle

Mentionnons d'abord qu'il y a toutes les nuances entre les traits obsessionnels profitables et ceux qui causent des problèmes.

Regardons seulement autour de nous. Nous trouverons un très grand nombre de ces obsessionnels, souvent appelés perfectionnistes ou bien compulsifs dans un langage plus professionnel. Pour le meilleur ou le pire, nous en faisons peut-être partie nous-mêmes.

Disons en passant qu'un assez grand nombre d'obsessionnels s'avèrent être des aînés. Ceci provient sans doute du fait que beaucoup de parents aspirent à ce que leur premier enfant soit un enfant modèle : *« Nous ne voulons pas qu'il devienne comme le petit voyou du voisin. »*

Alors ces parents attendent de leur aîné un niveau de perfection qu'ils ont tendance à ne plus exiger des enfants qui suivent. L'aîné, une fois adulte, aura donc souvent incorporé dans sa personnalité ces principes rigoureux.

Ajoutons toutefois que la tendance à la perfection peut également caractériser les enfants qui suivent.

Des hommes et des femmes estimés pour leur travail consciencieux, leur caractère ferme, leur stabilité, leur fidélité à leurs principes et leurs convictions immuables se trouvent parmi les cadres de beaucoup d'entreprises. Parfois, ce sont de vrais obsessionnels.

Certains métiers, pour être bien exécutés, demandent une minutie exceptionnelle, comme l'horlogerie, l'ébénisterie, la mécanique de précision et quantité d'autres. Un perfectionnisme bien développé y est donc un atout.

Ceux parmi nous qui, à force de travail acharné et sans dévier de la voie choisie, ont réussi à atteindre leur but doivent indubitablement posséder des qualités obsessionnelles.

Puis il y a ceux qui suivent de stricts principes avec une ardeur immuable, ont de la difficulté à se détendre, à s'amuser, se prennent très au sérieux et manquent du sens de l'humour. Ils hésitent à prendre des décisions, par crainte que le résultat ne soit pas parfait.

Ces personnages ont avantage à soigneusement choisir leur partenaire : de préférence semblable à eux, pour mieux se comprendre mutuellement, ou au contraire de caractère complémentaire au leur, insouciant et plein de joie de vivre. Ces choix se font, nous le savons, généralement de manière inconsciente.

Les gens affectés par de vrais « troubles obsessionnels », eux, causent des problèmes.

Ils sont conservateurs et rigides à l'excès, tendent à critiquer et contrôler leur entourage. Ils veulent diriger et supportent difficilement de partager leurs responsabilités. A leurs yeux, leurs convictions ne se prêtent pas à la discussion.

Souvent, leur côté conservateur quant à leurs opinions s'étend aussi à leurs possessions matérielles. Ce sont les hommes et femmes qui ne « peuvent rien jeter » et tendent à accumuler des objets variés. Souvent, cette tendance affecte aussi leur argent qu'ils conservent soigneusement sans le dépenser, ni pour eux-mêmes, ni pour les autres.

Les pensées trop rigides peuvent mener à l'intolérance et au fanatisme religieux ou politique. Si ces « meneurs d'hommes » obsédés se trouvent dans une position de force, ils peuvent devenir tyrans ou dictateurs. Nous en avons connus et nous en connaissons encore.

Il va de soi que nous ne pouvons pas facilement faire une répartition en « obsessionnels légers, moyens ou sévères ». Quelques caractéristiques assez prononcées et troublantes peuvent être associées à d'autres beaucoup moins gênantes, et peut-être profitables par leurs effets.

Exemples

→ **Un garçon** dit :

« J'adore mon papa, mais quelquefois il est un peu drôle. Il ne jette jamais rien, même des loques. Il dit toujours "j'en aurai peut-être besoin un jour". *La moitié de la maison est remplie de ce qu'il a amassé. En plus, il parle toujours comme s'il était un modèle de vertu, comme si ce n'était que lui qui avait raison en tout. C'est fatigant. »*

→ **Un autre :**

« Qu'elle est casse-pied, ma mère. Elle va en ville pour s'acheter une robe. Elle nous aura demandé notre avis à tous. Quelle couleur choisir; doit-elle être en laine ou en coton, longue ou courte? Elle aura collectionné nos 36 opinions et aura pris ma sœur avec elle pour l'aider à se décider. Nous savons d'avance qu'elle reviendra sans avoir rien acheté. Quelle comédie! Elle ne peut jamais se décider à rien. Je crois qu'elle a peur que ce ne soit pas parfait et qu'elle ait à le regretter.

C'est la même chose quand elle fait des cadeaux. Elle réfléchit, elle tergiverse. Elle pense que peut-être elle trouvera quelque chose d'aussi bien à meilleur prix ailleurs, ou qu'après l'avoir offert elle le regrettera. Elle passe des heures à ruminer ainsi et à se rendre malheureuse, et nous avec elle. »

→ **Une jeune fille :**

« Ma maman aime l'ordre parfait. Du désordre dans nos chambres la rend furieuse. Alors nous essayons de la satisfaire en rangeant autant que possible, mais ce n'est jamais assez. Elle nous réprimande constamment. Elle nous veut parfaites aussi dans nos manières. C'est impossible à atteindre, alors nous avons

abandonné et nous nous comportons n'importe comment. Papa est beaucoup comme elle, autrement qu'est-ce qu'il prendrait!

A part ça, c'est une maman formidable, et tout le monde la trouve admirable, parce que tout ce qu'elle fait, elle le fait si bien. Elle prépare des repas modèles et notre maison est une des plus belles du quartier. Elle n'arrête jamais de travailler. »

→ **Une épouse :**

« *Mon mari fait un tas de belles choses; il est grand bricoleur, mais il a du mal à arriver à la finition; comme s'il avait peur de prendre les dernières décisions, comme s'il allait peut-être regretter les résultats.*

Il est très apprécié dans son travail qu'il fait à la perfection, et toutes les petites choses autour de lui sont en ordre. C'est un homme de principes stricts; mais il lui manque l'appréciation des priorités, il me semble. Il s'attache trop aux petits détails. »

→ **Un époux :**

« *Ma femme est très recherchée dans son travail. Tout le monde lui demande conseil. Elle a monté en grade je ne sais combien de fois déjà, mais elle est dure avec sa famille. Elle nous en demande trop. Elle veut que tout soit fait exactement à sa manière à elle. Elle ne voit jamais notre point de vue. Quelquefois j'ai l'impression qu'elle n'a même pas d'affection pour nous, quand elle nous embrasse d'une façon si froide, si détachée, comme si c'était juste un autre de ses devoirs. il faut qu'elle change. Que pouvons-nous faire ?* »

→ **Une employée :**

« Mon chef est impossible. Il râle du matin au soir. Il se croit vraiment quelqu'un. Tout ce que nous faisons n'est jamais bien fait. Il faut dire qu'il est perfectionniste lui-même, mais cela ne lui permet quand même pas de nous demander l'impossible et de se comporter en despote. Personne n'a jamais des droits sauf lui-même. Je quitte l'entreprise. »

Pour la description des dictateurs politiques, je vous renvoie aux journaux.

En résumé, les obsessionnels peuvent se présenter sous toutes les couleurs de l'arc-en-ciel; à partir des plus estimables jusqu'aux plus dangereux par leur intolérance. Ne nous laissons pas influencer par les derniers et apprécions les premiers à leur juste valeur.

La personnalité paranoïaque

Ces personnalités ont certains traits en commun avec les obsessionnels, et en ce sens ce type de caractère pourrait être vu comme une extension du précédent.

Comme eux, ils sont rigides, excessivement critiques, et se croient souvent d'une grande importance.

Tout en étant prêts à blâmer les autres, ils souffrent difficilement la moindre correction ou même une opinion autre que la leur, qu'ils considèrent comme une attaque personnelle. Ils ont tendance à soupçonner des intentions malveillantes derrière les actions des autres.

En dessous de leur attitude provocatrice se cache pourtant une grande fragilité. Les « paranoïaques » sont sensibles à l'excès, se sentent blessés sans cause réelle et souffrent parfois d'une jalousie maladive. En raison de ces traits fâcheux, leur impression d'être rejetés par leurs proches finit malheureusement souvent par être justifiée. Vivre avec un paranoïaque peut placer les proches devant un dilemme.

Exemples

→ **Une jeune femme :**

« Mon mari me suit partout. Si pour une raison ou une autre je dois aller chez le médecin, il est là dans la salle d'attente et compte les minutes. J'ai dû changer de docteur cinq fois déjà, parce qu'il les soupçonnait tous; il ne voulait pas dire de quoi. Finalement j'ai pris une doctoresse, mais cela n'a pas changé grand-chose.

Je ne lui parle jamais de mes amies à cause de sa jalousie. Je ne sors avec elles que quand il est au travail. Si jamais je ne réponds pas quand il téléphone, je dois passer par une sorte d'inquisition le soir. J'essaie toujours de lui dire la vérité, mais la punition en est souvent sévère. "Où es-tu allée faire tes courses? Qui as-tu rencontré? Pourquoi ne m'as-tu pas attendu?"

A son bureau cela n'a pas l'air d'aller beaucoup mieux. Il ne s'est pas fait d'amis, car il est renfermé et ne se fie à personne. Pourtant, on le garde à cause de son intelligence. Il est connu pour être un excellent expert comptable, mais je ne sais pas si je pourrai toujours vivre avec lui. Il m'use.»

→ **Mme A., 38 ans,** est secrétaire du patron d'une grande entreprise. Elle est très recherchée pour ses multiples talents et sa capacité exceptionnelle à garder pour elle les confidences.

Elle vient me voir, désespérée.

«Je n'en peux plus. Personne ne me parle. Je suis seule dans mon bureau et ne vois que le patron. Il a l'air de m'apprécier, mais je dois me forcer pour être aimable, parce que je suis sûre que tout le monde parle derrière mon dos. C'était la même chose quand j'étais encore mariée. Je savais que mon mari me mentait. Il a dû avoir des aventures, mais je n'en ai pas la preuve. Il m'a quittée parce que j'étais constamment fâchée.»

→ **Un jeune marié :**

«Ma mère va finir par épuiser nos nerfs. Elle s'enferme de plus en plus, parce qu'elle n'a confiance en personne. Pourtant, quand elle va chez l'épicier du coin, elle est aimable comme tout, presque trop peut-être. Les gens disent qu'elle est fausse. Elle ne se confie qu'à une de ses amies. Elle a changé de femme de ménage sept fois en un an, disant qu'elles l'avaient toutes volée...

Nous hésitons à aller la voir de peur qu'elle ne nous soupçonne de je ne sais quoi. Alors elle est fâchée parce que nous ne venons pas. Elle pense que nous faisons tout pour l'ennuyer, si par exemple nous arrivons deux minutes trop tôt ou cinq en retard. Nous ne pouvons rien faire pour la satisfaire. Que faire ? »

Suggérons des attitudes à prendre

Modifier le comportement paranoïaque est chose difficile et incombe surtout aux experts.

Certaines attitudes de l'entourage ont toutefois de l'importance et aident à minimiser les excès.

Essayer de ne rien dissimuler et surtout de ne pas mentir à un paranoïaque est règle essentielle. Il est pourtant difficile de ne jamais agir derrière son dos, ce que l'on est tenté de faire par peur de faire face à une critique mordante, une crise de colère ou d'être accusé de motifs suspects.

Montrer du respect à un paranoïaque peut aider; il faut aussi faire appel à ses qualités positives, quelquefois tragiquement cachées. Soyons toujours conscients qu'à la base de l'attitude paranoïaque se trouve un profond manque de sens de sécurité. N'oublions pas que le paranoïaque est plus à plaindre qu'à craindre. Malgré son comportement souvent vantard, il se voit si bas sur l'échelle des valeurs que quelquefois il fond en larmes s'il est confronté à des compliments sincères. Il est sujet à la dépression qui assez souvent alterne avec l'attitude paranoïaque. En ce cas, un traitement antidépresseur sera efficace.

Insistons ici sur le fait que les personnalités paranoïaques n'ont rien à voir avec la forme paranoïde de la schizophrénie, dont elles partagent seulement la tendance à être soupçonneuses.

La personnalité hystérique

Ce caractère est, sous certains aspects, l'opposé de l'obsessionnel. Ce sont plus souvent des femmes qui ont une personnalité hystérique. Au lieu d'être rigides, elles sont plutôt inconstantes, instables dans leurs émotions, et un peu immatures. Ce sont les personnes «soupe au lait», qui s'excitent facilement. Elles ont l'air d'aimer le drame et d'aimer être sous le faisceau des projecteurs; elles sont centrées sur elles-mêmes, séductrices.

Ces qualités, à moins d'avoir dépassé la mesure, peuvent être attrayantes et bien servir la personne qui en est dotée. Ce sont les femmes qui par leur charme soutenu animent une soirée, se font admirer et jouissent d'une grande popularité, au moins vis-à-vis des hommes. Les autres femmes par contre les voient souvent comme rivales et leur tiennent rigueur de leur besoin de séduire.

Exemples

→ **Le mari de Mme C.** était venu me demander conseil.

«J'adore mon épouse; elle est belle et coquette; mes amis m'envient d'avoir une femme comme elle; mais elle me rend fou. Souvent je pense que j'ai un enfant de plus. Je ne sais jamais comment la prendre. Un jour elle est contente de tout, le lendemain je ne peux rien faire de bien. Alors, la seule chose qui puisse la changer, c'est de lui offrir un cadeau, surtout un joli vêtement; puis l'admirer quand elle le porte. Pourtant, je ne peux pas faire cela tous les jours. Elle a des sautes d'humeur à n'en plus finir. Les enfants s'en

plaignent aussi. Quelquefois ils ne savent même pas pourquoi elle pleure, et peut-être ne le sait-elle pas elle-même.

Le pire est quand nous allons à une soirée. Alors elle a une façon provocante de regarder les hommes. Elle a l'air de les inviter à je ne sais quoi, mais quand ceux-ci tombent dans le piège, elle se retourne et a l'air de les avoir oubliés.

Que puis-je faire ? Dois-je être sévère avec elle ou plutôt satisfaire tous ses caprices ? Je veux rester avec elle, mais parfois je me sens au bout du rouleau.»

M. et Mme C. furent vus en thérapie de couple. La personnalité de Mme C. ne changea pas essentiellement, mais elle réussit à modifier son comportement, tandis que son mari reconnut un certain manque de tolérance en lui-même. Ainsi la vie en famille devint de plus en plus facile.

→ **Mlle A.,** une jeune femme d'une beauté exceptionnelle, fut accueillie à notre clinique pour la cinquième fois. Elle avait appelé au milieu de la nuit, affolée, disant qu'elle avait avalé une quantité de somnifères mélangés à l'alcool. Elle ajoutait qu'elle avait eu l'intention de mourir, mais avait changé d'avis.

Les crises précédentes avaient été semblables, occasionnées par des expériences similaires : être abandonnée par un homme.

Mlle A. fut d'abord traitée de façon appropriée pour éliminer les substances toxiques, et ensuite elle subit un traitement prolongé dont le but était de modifier son comportement autodestructeur, déclenché chaque fois par un attentat à son amour-propre.

Ses crises furent de moins en moins fréquentes, mais j'appris par la suite qu'elle avait encore récidivé.

C'était de toute évidence un problème sérieux et complexe, qui nécessita une surveillance étroite pendant des années.

La personnalité dépendante

Ces personnes sont de nature soumise et tendent à questionner les autres sur leurs opinions au lieu d'en former elles-mêmes.

Toute décision leur paraît difficile. Elles acceptent parfois celles des autres sans les regarder de près. Elles ne contredisent que rarement, se font « marcher sur les pieds ». Ce sont les « petites natures » qui ont l'air de ne pouvoir se défendre, demandent sans cesse conseil et aide, donnant l'impression d'être sans ressources, impuissantes, désemparées, incapables.

Elles disent oui à tout, par crainte de ne plus être aimées.

Si ce sont des femmes, elles s'attachent souvent à un homme fort, capable, énergique et, qui plus est, sensible à la satisfaction de servir de soutien à cette « petite toute fragile », — au moins pour un moment. Si au bout d'un certain temps elle continue à ne pouvoir prendre des décisions et à s'accrocher à lui au lieu de faire face à des difficultés, celui-ci perdra peut-être patience.

Ces personnes feraient maints sacrifices pour se faire aimer, parce qu'à leurs yeux leur valeur est fonction de la façon dont elles sont vues par les autres.

Si une « personnalité dépendante » perd son appui, souvent l'époux ou l'épouse, il n'est pas rare qu'elle devienne dépendante de l'alcool ou d'autres substances aptes à fournir une « protection ». Ceci aboutit pourtant à un cercle vicieux souvent néfaste.

Traditionnellement, ces personnes sont plus souvent des femmes, mais pas exclusivement.

Exemples

→ **M. E.** se lamentait :

« C'est ma femme qui a voulu que je vienne vous voir. Le problème est qu'elle me traite de "lopette", de mou, et même de vaurien. Si je lui donne raison, elle devient encore plus furieuse. Au début de notre mariage, elle avait l'air d'aimer dicter tout, mais maintenant elle dit : "Je voudrais un homme plus fort que moi, qui puisse me protéger... comme Jean ou Pierre." *Cela m'effraie. Si jamais elle me quittait, je serais anéanti. Dites-moi quoi faire. »*

→ **Mme L. :**

« J'ai une confiance absolue en vous, Docteur. Dites-moi comment je dois élever mes enfants. Jean, l'aîné, commence à me dicter comment agir, juste comme mon mari. Il a dix ans, et je fais souvent ce qu'il me dit de faire, mais il devient de plus en plus insupportable. Même la petite est très capricieuse maintenant. Si je ne fais pas ce qu'elle veut, elle me fait une scène, et généralement je cède. Il ne semble pas que je puisse la contrôler.

Je crois que mon mari m'a épousée parce que j'étais toujours d'accord avec lui. Il aime être "le chef"; mais dernièrement il est devenu impatient avec moi. Il veut que je sois plus indépendante. Je ne sais pas comment faire. J'ai peur de le perdre. »

Ces deux malades furent accueillis dans un groupe thérapeutique. Les autres membres sentirent rapidement ce qui les troublait. Ainsi avec l'aide du professionnel, des situations furent créées parmi les membres, aptes à les contraindre à s'affirmer. La base de leur personnalité ne put changer à ce point, mais ils apprirent comment agir différemment dans certaines circonstances. Il paraît que leurs époux furent satisfaits du résultat.

Nous avons décrit quatre « troubles de la personnalité ». Nous vous rappelons que ces troubles représentent autre chose que les névroses ou les psychoses dont nous parlons ailleurs dans ce livre.

Réponse à la question initiale

« Un médecin m'a dit que mon mari avait un trouble de la personnalité. Qu'est-ce que cela veut dire? Je sais qu'il est difficile de vivre avec lui, mais que peut-on faire? »

Si un trouble de la personnalité affecte votre conjoint et rend la vie difficile, vous devez espérer qu'il consente à consulter un expert et qu'il soit disposé à réaliser un changement en lui-même. Dans ce cas, il y a une chance de réussite; mais attendez-vous à un progrès lent, qui sera au début presque imperceptible.

Les névroses

Dans le chapitre intitulé *Névrose, psychose: quelle est la différence?,* nous avons parlé des caractéristiques des névroses en général.

Ici nous allons donc évoquer les particularités des cinq névroses principales, telles qu'elles se présentent dans la vie de tous les jours.

Ce sont :

— la névrose d'angoisse,
— la névrose phobique,
— la névrose obsessionnelle,
— la névrose hystérique,
— la névrose hypochondriaque.

Névrose d'angoisse

« Je me fais constamment des soucis. L'angoisse me quitte rarement, et j'ai souvent des palpitations, des étouffements et des maux de tête. Mon mari dit que je suis névrotique. Est-ce vrai ? »

—— Généralités

Nous connaissons tous l'angoisse, cette sensation d'inquiétude oppressante, qui nous affecte temporairement dans des conditions exceptionnelles; si la vie de nos proches ou notre propre vie est en danger; si notre demeure est menacée par le feu ou une inondation, s'il y a menace d'inflation, de famine ou de guerre. Etre angoissé dans ces conditions est normal.

L'angoisse accompagne aussi la plupart des maladies psychiatriques, y compris la schizophrénie.

La névrose d'angoisse est autre chose. C'est l'anxiété quasi constante, même sans qu'il y ait du danger en perspective. Il peut y avoir des attaques de panique comme celles qui compliquent les phobies.

Cette forme d'angoisse a ses racines dans le passé lointain et elle est souvent renforcée par l'exemple d'un ou de deux parents anxieux.

La névrose d'angoisse se distingue de la névrose phobique, où les attaques de peur ou de panique se produisent en réponse à une situation spécifique, située en dehors du malade.

Par contre, nous voyons la cause de la névrose d'angoisse comme provenant de l'inconscient de la personne elle-même, et nous pensons que cette angoisse se forme en réponse à des pulsions considérées (inconsciemment) comme inadmissibles.

Ceci pourtant touche à la psychanalyse, dont nous n'allons pas parler ici.

Nous voudrions mentionner toutefois que la névrose d'angoisse est en quelque sorte la névrose de base, si elle est comparée aux autres névroses. Les psychiatres considèrent les autres névroses comme dérivées en quelque sorte d'une profonde anxiété sous-jacente. Celle-ci, dans la névrose d'angoisse, se manifeste dans son état « nu », tandis que, dans d'autres circonstances, elle peut se couvrir d'un « habit protecteur » sous forme de névrose phobique, hystérique, compulsive ou hypochondriaque.

Ajoutons par contre que cette « couverture » ne sert pas trop bien celui qui l'a inconsciemment créée, puisqu'elle aboutit à une autre névrose, non moins gênante.

— Symptômes physiques

Ceux-ci sont semblables aux troubles physiques observés dans la névrose phobique; mais dans la névrose d'angoisse, ils sont plus soutenus, allant de pair avec le va-et-vient continuel de l'angoisse, sans dépendre de situations spécifiques.

Des symptômes suggérant une maladie cardiaque sont les plus fréquents. Ce sont des palpitations, des douleurs dans la région du cœur, décrites comme perçantes et de courte durée, qui se produisent au repos plutôt que pendant l'activité.

Des difficultés de respiration sont fréquentes également, sous forme d'hyperventilation, durant laquelle les respirations se font rapides et peuvent donner l'impression d'un vrai essoufflement. En même temps peut survenir une sensation d'étourdissement ou de faiblesse qui résulte de la perte excessive de gaz carbonique, d'ailleurs sans conséquence dans ce cas.

La sensation d'être incapable de prendre une respiration profonde peut être gênante, mais n'est jamais dangereuse. Due à une tension nerveuse des muscles respiratoires, sa cure immédiate consiste à exhaler à fond, ainsi le réflexe d'une inspiration profonde qui suit l'expiration peut suivre normalement.

Les anxieux tendent à avaler de l'air en surplus de la normale, une habitude souvent appelée *aérophagie.* Cette activité est imperceptible, sauf pour la multitude de renvois d'air qui en résultent et qui gênent la personne ainsi que son entourage. La découverte en a été faite à l'aide de la radioscopie.

D'autres symptômes fréquents sont des maux de tête, de la nuque ou du dos, associés à une tension musculaire dans les régions affectées.

Des mains moites et froides, souvent légèrement tremblantes, sont caractéristiques.

L'insomnie est très fréquente, ce qui ne surprend pas, vu la permanence de l'anxiété, dont l'acuité se fait encore plus grande dans l'obscurité de la nuit.

—— Autres particularités

Elle peut commencer lentement et insidieusement à n'importe quel stade de la vie, même pendant l'enfance ou l'adolescence. Elle forme alors un fond d'anxiété chronique sur lequel tendent à se produire des attaques aiguës. Celles-ci sont, très naturellement, provoquées par la mort subite d'un proche, un accident de voiture, un licenciement; mais aussi par des événements par lesquels la majorité des autres ne serait que faiblement bouleversée.

N'oublions pourtant pas que, comme toute autre névrose, la névrose d'angoisse est une affection à temps limité, même si la tendance à souffrir d'attaques d'angoisse dure des années.

Fréquemment pourtant, si avec le temps le jeune adulte gagne de l'assurance, a du succès dans son travail, une vie sociale rassurante et une situation familiale stable, il peut perdre sa tendance aux attaques d'angoisse.

Exemples

→ **Mme D.,** une jeune femme, souffrait de fréquentes douleurs perçantes dans la région du cœur. Elle avait l'impression que la grande anxiété qui les accompagnait en était le résultat.

Son médecin qui la trouvait fort anxieuse, mais ne décelait aucune maladie de cœur, lui proposa de voir un psychiatre.

Dans son désespoir, elle consentit, et arrivant chez moi elle parut gênée, tendue, soucieuse, et me dit :

« Quelle drôle d'idée que de m'envoyer chez le psychiatre quand c'est mon cœur qui me fait mal. Je me sens de plus en plus fatiguée, et je ne peux plus dormir, tant je suis anxieuse. Ma grand-mère est morte d'une maladie cardiaque aussi. Son cœur s'est tout simplement arrêté de battre, et avant ça elle avait eu des douleurs. J'ai peur. »

Pendant que nous parlions ensemble, Mme D. révélait qu'au bout de deux ans de mariage elle avait commencé à se sentir désappointée et découragée.

« Est-ce que ce sera toujours comme ça ? Est-ce que mon mari ne changera jamais ? Il est absorbé par son travail du matin jusqu'au soir. Puis tout de suite après dîner, il se met à bricoler autour de la maison, même s'il n'y a rien d'urgent à faire. Il est comme obsédé, et il n'a jamais de temps pour moi. Je ne m'étais pas imaginé que d'être mariée serait comme ça. En plus,

j'aimerais bien avoir un bébé, mais ça n'a pas l'air d'arriver. Alors, je n'ai même plus envie de faire l'amour. Evidemment, il se fâche et ça n'arrange pas les choses.

Je suis devenue de plus en plus anxieuse, et ces douleurs me font peur. Mon médecin pense que c'est peut-être l'anxiété qui les cause, mais comment ça peut-il se faire ?»

Nous continuions donc à parler, et nous décidions qu'il serait sans doute utile d'inclure son mari dans nos entrevues, considérant le rôle important que leur vie de couple jouait dans les préoccupations de la malade.

M. D. se montrait comme un homme de principes, travailleur consciencieux et acharné, qui gaspillait peu de temps à exprimer ses sentiments. Il révélait que lui aussi s'était fait des soucis au sujet des symptômes cardiaques de sa femme, sans toutefois vouloir les montrer devant elle. Au contraire, il s'était plongé davantage dans ses occupations variées. En plus, en évitant la compagnie de son épouse, il se protégeait, sans doute involontairement, des manifestations constantes de la grande angoisse dont elle souffrait.

Pour ce couple, quatre entrevues suffirent pour les encourager à communiquer mieux entre eux et pour interrompre ainsi le cercle vicieux qui s'était établi.

Mme D. découvrit facilement qu'à mesure que son anxiété diminuait, ses douleurs thoraciques disparaissaient progressivement. Cette observation lui suffit pour alléger ses soucis.

→ **M. M.,** jeune médecin, guéri depuis longtemps d'une névrose d'angoisse, racontait ainsi son histoire.

« Pendant mes études, je me suis trouvé à Londres, séparé des miens dans une petite chambre d'étudiant, loin de mes habitudes, entouré d'étrangers dont je ne connaissais même pas trop bien la langue.

Je me sentais de plus en plus dépaysé. Je perdais mon appétit. De toute façon, je n'aimais pas cette nourriture étrange.

Je dormais peu, hanté par des angoisses. Devais-je rester? Allais-je rentrer chez moi? Je commençai à avoir des maux de tête jamais connus auparavant; allais-je tomber gravement malade?

Un soir, assis à ma table, incapable de me concentrer sur mon livre, je sentis que ma tête semblait se détacher de mon corps et se mettait à monter lentement vers le plafond. Quelle horreur! Etais-je devenu fou?

Je consultai un psychiatre qui me rassura et m'expliqua que ce dont je souffrais était un état de "dépersonnalisation", parfois observé au cours d'une névrose d'angoisse.

Son attitude rassurante aida à diminuer mon état d'angoisse, et par la suite je réussis à me familiariser plus rapidement avec tout ce qui me paraissait si étranger, et même étrange au début.

Ces symptômes effrayants ne sont jamais revenus.»

→ **Mme F.,** une dame d'une cinquantaine d'années, vint me consulter. Elle était très angoissée depuis longtemps, et elle demandait de l'aide.

«Je ne dors plus, je me fais des soucis du soir au matin, et du matin au soir. Le matin, quand je me lève, je suis aussi fatiguée que quand je me suis couchée la veille. Je ne peux plus continuer comme cela.

Je prévois toujours le pire. Le frein de notre voiture va peut-être lâcher ou la direction cassera, sans doute juste au moment où mon mari voudra doubler une voiture. Je lui dis constamment d'aller plus lentement, mais il ne m'écoute pas. Il me traite de folle. Peut-être a-t-il raison?

Ce matin, un avion a volé très bas au-dessus de notre maison. Le bruit était affolant. Je voyais déjà notre toit cassé et tout le monde blessé, tous les membres de la famille portés dehors sur des brancards.

Hier, j'ai vu ma fille traverser la rue. C'était de justesse. Elle aurait pu être renversée. J'en tremble encore. Je ne suis jamais tranquille.

J'ai des maux de tête épouvantables, et ma respiration se bloque souvent. Alors j'ai l'impression d'étouffer.

Mon mari dit que c'est nerveux. »

Cette pauvre dame avait souffert d'angoisses plus ou moins sévères depuis des années, avait consulté quantité de médecins, demandant de lui expliquer ses symptômes physiques. Sa vie lui était devenue un fardeau.

Etant donné la durée de ses symptômes et leur sévérité, un traitement approfondi s'imposait.

Elle pouvait choisir la psychanalyse, onéreuse en temps et en argent investi, mais qui, entre de bonnes mains, assurerait un succès quasi garanti.

Une autre méthode, développée par Eric Berne, psychanalyste américain, et appelée *analyse transactionnelle,* était prometteuse pour Mme F. aussi. C'est une forme de « découverte du moi » en groupe, qui compte des succès parmi les malades, y compris ceux qui souffrent d'affections semblables à celle de Mme F.

Quant à la psychothérapie individuelle non psychanalytique, je la lui déconseillai, vu la longue durée et la nature complexe de ses symptômes.

Mme F. réfléchit longuement, puis choisit la voie de la psychanalyse. Je ne l'ai pas revue depuis, mais j'ai appris qu'elle faisait de réels progrès.

Réponse à la question initiale

> ***« Je me fais constamment des soucis. L'angoisse me quitte rarement, et j'ai souvent des palpitations, des étouffements et des maux de tête. Mon mari dit que je suis névrotique. Est-ce vrai ? »***

Oui, Madame, vous souffrez d'une névrose d'angoisse, mais ayant lu ce chapitre, vous avez vu que vous pouvez guérir.

Névrose phobique

« J'ai peur d'une quantité de choses, et tout le monde se moque de moi. Que puis-je faire ? »

—— Généralités

Vous direz peut-être : *« Encore de l'information sur les phobies ? Nous en avons déjà tant. »*

Il y a en effet une vaste littérature sur cette affection fort répandue. Un livre sur les faits psychiatriques de tous les jours se doit toutefois de mentionner au moins quelques-unes de ces souffrances. Je voudrais y ajouter aussi des témoignages individuels.

Ces formes de peur intense qui sont connues sous le nom de névrose phobique ou simplement de *phobies* doivent se distinguer de la névrose d'angoisse. Celle-ci, dont nous avons parlé précédemment, représente une appréhension qui provient du fond de la personnalité et se manifeste d'une façon quasi continuc ct sans évidcntc provocation. Il va dc soi quc les deux conditions peuvent coexister.

La peur est universelle. Nous souffrons tous de peur. Même les animaux en souffrent. Nous avons peur de toutes les menaces qui nous entourent. Cette peur est justifiée et même nécessaire. Elle nous incite à nous protéger des dangers, à soutenir la vie.

Il y a pourtant une autre sorte de peur qui est exagérée, hors de proportion avec le danger envisagé ou même entièrement injustifiée et qui tend à se fixer sur des circonstances spécifiques.

Ce qui est redouté est soit un «objet» (souvent un animal), soit une situation.

La personne phobique, exception faite des enfants, est généralement consciente qu'il n'y a pas vraiment de danger, que la crainte est irrationnelle.

Les objets phobiques

Le nombre d'objets et de situations qui peuvent faire peur est grand, très grand même.

Parmi les animaux souvent craints, nous trouvons les serpents, araignées, souris, rats, chauve-souris et beaucoup d'autres.

Les situations redoutées sont parmi les suivantes: devoir monter une échelle ou même un escalier; se trouver en haut d'un bâtiment ou d'une montagne; être dans une cave, grotte ou ascenseur ou enfermé dans une chambre; voyager en avion; se trouver dans une foule; se trouver seul; se trouver dans l'obscurité; être dans l'obligation de parler ou seulement de se faire voir en public; affronter un examen.

Vous pouvez certainement en ajouter d'autres.

Par surcroît, plusieurs de ces peurs irrationnelles peuvent exister ensemble. Ainsi la peur presque constante de la mort est généralement associée à d'autres phobies.

Des noms impressionnants dérivés du grec ont été donnés à ces troubles: la *claustrophobie,* peur d'être enfermé, l'*agoraphobie,* peur d'être au dehors, l'*acrophobie,* peur des hauteurs, l'*arachnophobie*, peur des araignées, et beaucoup d'autres.

Chacun de nous a quelquefois souffert de peurs irrationnelles ou en souffre à présent; légèrement ou sévèrement, par intermittence ou constamment.

Sous certains aspects, les phobies nous rappellent les allergies; celles-ci sont également très répandues et provoquées par une multitude de substances.

Elles aussi peuvent être traitées par des méthodes de désensibilisation, souvent avec grand succès, en exposant la personne à des doses croissantes de la substance à laquelle elle est allergique.

Symptômes physiques

Toute phobie est accompagnée de symptômes physiques plus ou moins intenses; des spasmes musculaires, des transpirations, palpitations, sensations d'oppression ou de douleurs thoraciques, tremblements, nausées, diarrhées, évanouissements, sensations de «souffle coupé» ou même d'étranglement.

Exemples

→ **Mme P.** se souvenait:

«Quand j'étais en classe et que l'on me demandait d'aller au tableau noir, je me désespérais, je transpirais, je pleurais, je tremblais et je devenais rouge tomate. Une fois je me suis évanouie devant toute la classe. Je n'oublierai jamais la honte que je ressentais. Ma mère me comprenait, car elle était très, très timide, elle aussi».

Mme P. avait-elle inconsciemment suivi le modèle de sa mère ?

Il suffit parfois d'un parent anxieux ou phobique pour qu'un ou plusieurs des enfants souffrent d'appréhensions semblables.

Quoi de plus naturel qu'un enfant que l'on essaie de protéger anxieusement de tous les dangers possibles, se trouve impressionné par le fait que le monde est menaçant et que les dangers y abondent.

Les origines des phobies sont toutefois variées et complexes, et dans beaucoup de cas elles n'ont pas été clairement révélées.

Heureusement, les méthodes de thérapie comportementale que nous décrivons plus loin s'emploient souvent avec succès sans que la cause des phobies en question soit suffisamment connue.

→ **Mme T.** avait *« une peur terrible. Je ne peux plus aller en ville; je ne me sers plus d'autobus ni de voiture. J'ai peur des ascenseurs, d'être loin de chez moi. J'ai peur que quelqu'un me poignarde. Alors, c'est la terreur. J'ai peur de tous les couteaux. »*

Elle fut envoyée à la clinique, étant restée alitée chez elle depuis des semaines, osant à peine se lever. Elle ne voulait plus s'approcher de la cuisine, sachant qu'il y avait des couteaux dans les tiroirs. Avait-elle peur de blesser quelqu'un d'autre ou bien elle-même ? Elle n'en était pas sûre.

Elle se sentait découragée, déprimée, comme paralysée.

Nous nous voyions tous les jours et nous parlions. Elle ne pouvait voir aucune cause pour ses craintes.

Ce n'est qu'après quelques jours, en mentionnant une fois de plus sa famille d'origine, qu'elle éclata en sanglots. Ce qu'elle avait sans doute refoulé dans les ténèbres de l'inconscient, venait de jaillir à la surface, et elle balbutia :

« C'est à cause de mon père... mon père ! Quand j'avais dix ans, il était toujours ivre et battait ma mère. Ce soir-là, il allait la battre encore. Alors j'ai pris un couteau dans la cuisine et je l'ai lancé. Il est entré dans la jambe de mon père. Le plancher était couvert de sang. L'ambulance est venue. Ils l'ont embarqué.

Quand il a été prêt à sortir de l'hôpital, ils l'ont mis en prison.

Il y est mort; je ne l'ai jamais revu. »

Ma malade s'est effondrée, visiblement épuisée.

Nous sommes restées ensemble un moment, sans parler beaucoup, mais elle savait que je ne la condamnais pas.

A partir de ce jour, elle a visiblement repris courage. Nous avons continué à parler, et peu à peu elle a perdu son sentiment de profonde culpabilité. Depuis qu'elle a pu quitter la clinique, le traitement a continué.

Elle va bien maintenant.

→ **Mme R.**

« Depuis quelques mois j'ai des problèmes nerveux. Je deviens très anxieuse en certaines circonstances; quand je rencontre quelqu'un pour la première fois ou quand je dois aller voir des gens dans leur maison. Je préfère qu'ils viennent chez moi. Je n'aime pas qu'on me force à affronter certaines situations, comme devoir m'asseoir autour d'une table avec d'autres personnes. Je veux pouvoir partir quand je veux. Si je ne peux pas, j'attrape des douleurs d'estomac, ou des faiblesses. Je respire mal, et mon cœur bat très vite.

Mon mari a de plus en plus de succès dans son travail. Je crois que ça me fait du tort. Je me sens inférieure. »

L'interprétation que Mme R. essayait de donner à ses symptômes n'était sans doute que la surface de ce qui la troublait inconsciemment.

Heureusement pour elle, ses symptômes s'améliorèrent rapidement pendant qu'elle pratiquait fidèlement les exercices décrits plus loin, et durant cette période où elle suivit ce traitement désensibilisant, elle ne vit pas la nécessité d'explorer davantage sa vie inconsciente.

Les trois patients mentionnés ci-dessous ont bénéficié de traitements similaires. Nous allons donc mentionner seulement leurs symptômes.

→ **M. C.**

« Etant enfant, avant l'école, j'ai souvent vomi, et même maintenant je ne peux pas manger avant de partir au travail. Je n'arrive pas à me rendre à des soirées dansantes ou à des réunions; je suis allé patiner une fois seulement. C'était terrible, tous ces gens autour de moi. J'ai senti une tension épouvantable dans tous mes muscles, et si j'avais continué, je serais tombé. Cette peur que j'ai des gens m'empêche de m'amuser. »

→ **M. G.**

« Je me cramponne toujours à la rampe en montant un escalier. Je suis incapable de profiter de la vue du haut d'une montagne, aussi spectaculaire qu'elle soit; mais j'essaie de cacher ma panique, et souvent je réussis. Pourtant, mon cœur bat alors comme un marteau, et ma respiration risque de se bloquer. »

→ **Mme L.** était une de mes amies. Assise à table pendant une soirée, elle s'évanouit subitement quand un plat de fruits fut servi. Une fois remise de son malaise et quand l'agitation générale se fut calmée, elle expliqua :

« J'ai toujours eu une peur terrible des souris. Quand j'ai vu ces pêches avec leur peau veloutée, je n'ai pas pu m'empêcher de penser à ce petit animal que j'abhorre. C'était la terreur immédiate ! »

Les dossiers de malades abondent en récits de ce genre, et vous en avez sans doute entendu vous-même ou bien vous avez souffert d'expériences personnelles péniblement comparables.

Les différentes façons de réagir aux troubles phobiques

Si vos symptômes sont légers et que vous pouvez vivre avec eux, tant mieux.

Pourtant, si les troubles physiques qui accompagnent vos phobies se sont aggravés récemment (sans doute sous une sorte ou une autre de stress), vous pensez peut-être souffrir d'une grave maladie. Vous demanderez l'avis de votre médecin de famille, qui vous connaît bien.

Au lieu d'engager des examens approfondis des organes, et de vous annoncer ensuite : *« Rien n'a été trouvé, vous êtes en bonne santé »*, il va demander :

« Avez-vous remarqué que ces symptômes se manifestent surtout dans certaines conditions qui vous font peur ? »

Si vous répondez par l'affirmative, vous ne souffrez sans doute pas de maladie du cœur, des poumons ou autres, mais d'une affliction tout aussi débilitante, à savoir une phobie.

Si toutefois vos symptômes physiques n'ont pas été aussi prononcés, ou si vous avez reconnu depuis longtemps que c'était la peur qui les causait, vous avez peut-être passé des années de souffrance psychologique et physique, avant de chercher de l'aide.

Peut-être avez-vous hésité à admettre votre « faiblesse », votre « manque de courage », votre « folie ».

Ou bien le désir de vous soustraire à votre souffrance a été moins fort que le besoin de vous sentir sous la protection et l'attention constante d'un de vos proches.

Quoi qu'il en soit, il vous faut de la détermination pour en sortir, pour vous tirer de l'enchevêtrement dans lequel la peur vous a mis.

Si votre besoin de guérir l'emporte sur tout le reste, vous réussirez.

— Un mode de traitement

Prenons quelqu'un qui a peur de monter sur une échelle. (C'est le modèle que j'ai eu l'habitude de donner à mes patients. D'autres phobies s'y comparent facilement.)

Il réussit à monter deux échelons. Puis la peur le saisit. Il tremble, il transpire, puis c'est le vertige. Il redescend. Quel soulagement, il se sent mieux. Si toutefois il essaie encore une fois, la peur sera la même.

Une méthode pour s'en débarrasser progressivement a été mise au point par des scientifiques et a prouvé sa valeur depuis des années. C'est la méthode de *désensibilisation.*

La voici.

Disons que ce quelqu'un en question, c'est vous.

Vous montez le premier échelon, vous vous sentez seulement à moitié à l'aise, sachant que le deuxième vous attend. Restez sur le premier, décontractez vos muscles du haut en bas de votre corps, de votre visage jusqu'aux orteils. Ecoutez les sons autour de vous, respirez profondément, souriez, sentez-vous de plus en plus à l'aise.

Il y a grand nombre de livres et de cassettes, avec ou sans musique, qui vous apprennent à vous détendre à volonté. Je vous conseille de les utiliser.

Montant sur le deuxième échelon, vous sentirez dès le début la vieille appréhension.

Maintenant vous avez deux choix.

Vous pouvez vous laisser envahir par la peur, tout en restant courageusement sur le deuxième échelon. Vous ressentez les mêmes symptômes, mais en vous disant peut-être : *« J'y suis, j'y reste. »*

Si vous arrivez à persister, les symptômes vont diminuer, progressivement, presque imperceptiblement. Ce sera un triomphe.

Si vous optez pour la deuxième attitude, vous allez faire l'effort de vous détendre dès votre arrivée sur le deuxième échelon. Vous n'y réussirez peut-être pas la première fois. Ne vous découragez surtout pas. L'acquisition lente de nouvelles attitudes est souvent un gage de leur plus grande durabilité.

La même méthode sera employée pour chaque échelon successif.

Il va sans dire que la durée du traitement sera très variable, puisqu'elle dépend de tant de facteurs.

Gagner un échelon de plus toutes les semaines serait déjà un bon progrès, si vous pensez qu'au bout d'un an vous vous trouverez en haut d'une échelle de 52 échelons. (Pardon, je vous ai sans doute effrayé !)

L'essentiel est de suivre ce « traitement » tous les jours, même le dimanche.

Peut-être resterez-vous à la hauteur du deuxième ou du troisième échelon pendant une semaine entière, le temps de pouvoir vous détendre complètement à ce niveau. Ne vous impatientez pas ! Vous avez vécu misérablement pendant peut-être quinze ans, et le soulagement viendra peu à peu.

Un conseil important : évitez les crises de panique, cette intense peur envahissante, qui vous donne la sensation de devenir fou, ou presque. Ces crises ne sont pas salutaires, vous font reculer dans la voie du progrès, et vous obligent à recommencer sur un échelon plus bas.

Si vous en souffrez malgré vos efforts contraires, c'est-à-dire en progressant très lentement, demandez à votre médecin de bien vouloir vous prescrire des médicaments. Il y en a de très efficaces. Ce sont les mêmes pilules que d'autres prennent pour combattre la dépression. Il vous faudra sans doute de faibles doses seulement.

Nous avons choisi la peur en face de l'ascension d'une échelle comme « phobie modèle ». Toutes les autres peurs suivent en quelque sorte cet exemple.

La peur augmente :

— à l'approche de l'animal que nous craignons,
— à chaque nouvel étage d'un bâtiment,
— avec la profondeur croissante d'une cave ou grotte,
— avec la durée de notre séjour dans une pièce fermée, ou dans un ascenseur,
— avec le degré de difficulté de l'examen à affronter,
— avec la densité de la foule ambiante,
— avec la durée du voyage en avion envisagé,

et ainsi de suite.

Quant aux traitements de ces diverses peurs, ils suivent l'exemple de « l'homme sur l'échelle », y compris l'importance d'achever l'état de détente maximum avant d'affronter l'étape suivante, « l'échelon supérieur ».

—— D'autres modes de traitement

Il y a pourtant des peurs, comme celle du vol en avion, où le procédé suggéré ne serait pas praticable; à moins d'acheter un avion.

La méthode de *désensibilisation par l'imagination* est alors employée. Elle consiste à se détendre au maximum à chaque étape, comparable à un échelon d'échelle. Les situations imaginées l'une après l'autre seraient par exemple :
— acheter le billet d'avion,
— se trouver dans l'aéroport,
— marcher en direction de l'avion,
— monter dans l'avion,
— s'y asseoir,
— s'envoler.

Il va de soi que le test ultime serait celui d'entreprendre un voyage en avion; il est conseillé dans ce cas de se faire accompagner par une personne de confiance, au moins la première fois.

Cette méthode demande un professionnel pour être efficace, au moins au début, et son succès, qui peut d'ailleurs être frappant, dépend largement de la capacité d'imagination que possède la personne traitée.

Mentionnons aussi que cette méthode peut être utilisée avec d'autres phobies dont les « objets » ou les situations ne se reproduisent pas facilement; comme les phobies de certains animaux, des examens ou autres.

Il y a pourtant des phobies graves, surtout si elles sont associées à des attitudes obsessionnelles, qui se présentent d'une manière telle que la « méthode de l'échelle » ne serait pas appropriée. On utilise alors une approche psychothérapeutique.

Exemples

→ **Une « femme bien »,** soigneusement habillée, vint me voir en consultation.

« Je suis à bout. Je suis désespérée. Mon problème est devenu intolérable. Je n'ose plus sortir », dit-elle, sans pouvoir maîtriser ses larmes.

Elle continua la conversation, disant que depuis son adolescence elle avait craint les réunions, avait appréhendé les sorties en groupe, les pique-niques, les foules, avait détesté se montrer.

Au début, elle réussissait encore à se raisonner, à mener une vie semblable aux autres.

Après s'être mariée, elle avait eu trois enfants. Peu à peu elle s'était aperçue qu'elle n'arrivait plus à satisfaire son grand besoin d'être parfaite en tout ce qu'elle faisait. Ceci représentait un stress excessif pour elle.

Ses problèmes s'étaient donc aggravés. Faire les courses, chercher les enfants à l'école, où elle rencontrait d'autres mamans, accompagner son mari à des soirées : tout cela était devenu une corvée, puis un supplice, et pour finir quasi intolérable.

Comble de gêne et d'embarras, il lui arrivait de plus en plus souvent de souffrir de diarrhée subite dans des situations qui lui faisaient peur. Depuis peu, si elle sortait, elle se sentait obligée de porter dans son sac un récipient, dont elle se servait précipitamment, se cachant où elle pouvait.

Je comprenais son désespoir.

Elle avait essayé quantité de médicaments : calmants, constipants, produits antispasmodiques; cela avec faible succès.

Elle était au point d'essayer *« n'importe quoi, même la psychiatrie ».*

Alors nous nous sommes mises à parler, assez souvent, assez longuement; de son enfance, sa jeunesse; de son mariage, de ses enfants; de ses goûts, ses principes, ses aspirations, ses idéaux. Elle a commencé à se connaître davantage, à s'accepter telle qu'elle était.

Lentement, progressivement, ses symptômes insupportables ont disparu.

Elle se sent mieux maintenant, elle sort, elle peut enfin s'amuser.

→ **Une de mes patientes** avait une peur intense de la violence. S'imaginant être attaquée, violée, massacrée à chaque coin de rue, elle sortait de moins en moins et finalement restait enfermée dans sa maison, incapable de vaincre sa peur.

Elle vint à mon cabinet, accompagnée par deux amies pour la protéger.

Nous engageâmes alors un traitement adapté à ses besoins apparents; des entrevues fréquentes, avec recherche des causes de ses peurs, puis des « exercices » gradués, comme décrits plus haut. Elle les faisait en compagnie d'une amie d'abord, et peu à peu toute seule.

Au bout de quelques mois elle avait progressé suffisamment, et je la perdis de vue, jusqu'au jour où elle revint me voir, radieuse et amusée : elle s'était promenée seule tôt le matin le long de la plage, mais un agent de police l'avait interpellée : *« Il ne faut pas se promener seule ici, Madame, c'est dangereux ! »*

Thérapie de groupe

Avant de terminer ce chapitre, je voudrais mentionner une autre possibilité de traitement des phobies, malheureusement pas toujours accessible. C'est celle de la thérapie en groupe, qui peut avoir d'excellents résultats.

La présence d'un professionnel est indispensable, au moins au début (à ce sujet je vous renvoie aussi aux remarques faites dans le chapitre sur les troubles de la personnalité).

Cette approche est d'autant plus efficace que les membres du groupe se soutiennent et s'encouragent mutuellement, ayant une compréhension toute personnelle de ce dont l'autre souffre.

Des remarques rassurantes

Quel que soit le traitement suivi, vous n'êtes pas obligé de continuer jusqu'à ce que la dernière trace de peur ait disparu. Une fois à même d'affronter la plus grande partie des situations précédemment craintes, ce qui reste de vos peurs tend à diminuer également.

Un succès en engendre un autre.

Inversement, vous vous apercevrez qu'en temps de « stress », la peur peut réapparaître, généralement sous une forme bien affaiblie et transitoire.

Ne vous en inquiétez pas. Si nécessaire, refaites quelques-uns de vos exercices.

Quant aux enfants qui tous ont des peurs irrationnelles, comme des tigres sous leur lit ou des fantômes derrière les arbres, celles-ci disparaîtront avec « l'âge de raison ». En attendant, plutôt que de les regarder d'un air moqueur ou dédaigneux, une attitude compréhensive et rassurante fait beaucoup pour alléger leurs craintes.

Avoir peur n'est pas une faiblesse.

Réponse à la question initiale

« J'ai peur d'une quantité de choses, et tout le monde se moque de moi. Que puis-je faire ? »

Demandez à ceux qui se moquent de vous s'ils n'ont peur de rien. S'ils répondent dans l'affirmative, ne les croyez pas. Si par contre ils consentent à reconnaître qu'ils éprouvent ou ont éprouvé des peurs intenses, le dialogue est ouvert et peut être bénéfique pour les deux parties.

Quant aux remèdes, nous en avons parlé.

Névrose obsessionnelle-compulsive

***« Comment se fait-il que quand je suis ennuyé, tendu ou quand je me fais des soucis, je me sente obligé de vérifier tout ?
Ai-je bien fermé les portes ? Les lumières sont-elles bien éteintes ? Y a-t-il assez d'essence dans la voiture ? Et ainsi de suite à l'infini. Est-ce une maladie ? »***

Généralités

La névrose obsessionnelle-compulsive est peut-être la plus complexe des névroses. Ce sont les personnalités obsessionnelles qui en sont le plus fréquemment affectées.

Beaucoup d'entre nous devenons un peu « maniaques » dans des conditions stressantes. De cette façon, nous essayons de nous protéger contre ce qui est inconnu ou ce qui paraît menaçant : en vérifiant qu'au moins de notre côté tout est en ordre.

C'est souvent très évident chez les personnes âgées qui se sécurisent contre tous les changements redoutables qui les attendent en mettant et remettant de l'ordre dans leurs affaires.

Les personnes qui souffrent d'une névrose obsessionnelle-compulsive sévère peuvent être parmi les névrotiques les plus troublés.

Le terme *obsessionnel* est communément utilisé pour décrire des idées ainsi que des comportements qui s'imposent à la personne d'une façon involontaire, tout en étant parfaitement conscients.

Dans le contexte de la névrose obsessionnelle-compulsive, les professionnels désignent par *obsessionnel* des *idées* ou des pensées qui s'imposent d'une façon répétitive et dont nous nous débarrassons difficilement.

Par *compulsif,* par contre, nous entendons des pulsions impérieuses et irrésistibles qui imposent des *actions* souvent dépourvues de sens commun.

Dans les deux cas, le malade se rend parfaitement compte qu'il dévie de la normale.

Souvent, les idées obsessionnelles et les actes compulsifs affectent la même personne.

Caractéristiques

Des idées obsessionnelles qui ne mènent pas à une action sont sans doute plus fréquentes qu'on ne pense. Ce sont surtout les enfants qui les expriment, puisqu'une fois adulte nous aurons appris à ne pas dire ce qui nous paraît inacceptable.

Les enfants, par contre, se font parfois un plaisir de provoquer leurs parents en répétant maintes fois des gros mots qui leur viennent à l'esprit, de toute apparence d'une façon obsessionnelle.

Certains vieux et aussi des plus jeunes qui, à la suite de maladies cérébrales, ont perdu une partie de leur jugement et le contrôle du moi, nous surprennent parfois par des expressions vulgaires réitérées à longueur de journée. Leurs proches disent alors que ces mots ne faisaient jamais partie de leur vocabulaire. *« Où les ont-ils donc appris ? »,* questionnent-ils.

Il est probable que ces expressions faisaient partie de leur vocabulaire obsessionnel, jamais exprimé auparavant.

Les psychiatres ont parfois l'occasion d'apprendre combien ces idées obsessionnelles peuvent troubler les malades.

Un exemple

→ **Une veuve** se plaignait amèrement du fait que sa vie, depuis des années, était empoisonnée par des idées qui s'imposaient à elle, surtout sous des formes *« sales et dégoûtantes, des phrases et des mots crasseux. Je ne peux même pas les nommer ou vous les décrire, Docteur, parce que vous me dédaigneriez pour toujours. »*

Cette malheureuse dame avait souffert ainsi pendant des années, se croyant trop malade pour qu'on puisse l'aider. Elle avait même quitté son travail par crainte qu'un jour elle en arrive à prononcer ces mots en public.

Au cours de notre travail ensemble, elle décrivait également des actes compulsifs dont elle souffrait. Elle était incapable de quitter sa maison sans avoir vérifié maintes fois qu'elle avait bien fermé chaque porte et que toutes les lumières étaient éteintes.

Elle s'était aperçue aussi que ces symptômes s'aggravaient chaque fois qu'elle se trouvait dans une période de « stress », pour quelque raison que ce soit (si son fils manquait à lui écrire, si le prix du pain augmentait ou si son locataire ne payait pas en temps voulu).

Sa névrose obsessionnelle-compulsive suivait donc le modèle de toutes les névroses; elle s'aggravait sous le stress, comme nous l'avons décrit de façon plus détaillée dans le chapitre sur les névroses et psychoses.

— D'autres symptômes

Nous avons tous observé des actes compulsifs : chez nos amis, nos professeurs, peut-être notre famille ou nous-même, si bénins soient-ils parfois.

Peut-être réajustons-nous la position d'un tableau plusieurs fois pour nous assurer qu'il est vraiment droit, même si personne d'autre ne s'aperçoit d'une imperfection. Peut-être comptons-nous et recomptons-nous les marches d'un escalier, pour être sûrs d'avoir calculé correctement la première fois ?

Un enfant qui tire sur ses cheveux ou même en enlève quelques-uns par la racine de façon répétitive; ou un autre qui frappe son petit crâne contre la tête de son lit nuit après nuit souffre d'une névrose compulsive, généralement passagère.

L'observation a été faite que si on empêche un tel névrosé de s'engager dans l'acte compulsif « prévu », il développera une angoisse intense, qui tendra à mener à d'autres actes compulsifs.

Il ne paraît donc pas logique d'essayer d'empêcher les actes compulsifs par la contrainte.

Il s'agit au contraire de déceler le « stress » qui peut avoir affecté l'enfant et d'essayer d'y remédier.

D'autres exemples

Une expérience qu'une jeune collègue généraliste me racontait illustrera ce dont nous venons de parler.

→ **Thomas,** un garçon de quatre ans, amené au cabinet par sa mère, avait sur son cuir chevelu plusieurs endroits démunis de cheveux. Il essayait en vain de les cacher. Sa mère expliqua que ceux-ci étaient le résultat d'efforts répétés de l'enfant pour s'arracher les cheveux.

Les parents l'avaient surpris à plusieurs reprises, engagé dans cette occupation auto-destructrice.

Il s'agissait donc de déceler à quel stress cet enfant était soumis.

Grâce aux questions appropriées que posa la jeune doctoresse, elle apprit rapidement que le frère de Thomas était en train de faire son service militaire. Thomas avait été témoin des larmes de sa mère au moment du départ. Son frère pourtant s'en allait dans une ville voisine, en vue d'un entraînement tout à fait bénin.

De son côté, le petit Thomas s'était fait une image guerrière de l'occupation de son frère, le voyant engagé dans des batailles sanglantes, comme celles qu'il avait observées à la télévision.

La façon dont il répondit aux questions posées par le médecin et par sa mère, indiquait le bien-fondé de cette interprétation.

Le médecin suggéra donc que les deux frères aient bientôt une occasion de se rencontrer, pour que Thomas perde ses fantasmes inquiétants et puisse reconnaître la réalité, de façon d'autant plus convaincante que cela viendrait de la bouche de son frère lui-même.

Les parents témoignèrent d'une grande compréhension, et Thomas eut bientôt l'occasion de parler avec son frère.

On conseilla en plus de supprimer les programmes de télévision au contenu violent.

A la suite de ces modifications, les symptômes disparurent graduellement. Thomas jouissait de nouveau d'une belle chevelure.

L'action de s'arracher les cheveux est un sympt
de névrose obsessionnelle-compulsive; en voilà
exemple.

→ C'est celui d'une étudiante de 20 ans, Dominique, qui souffrait d'une peur maladive des examens. Cette peur nous rappelait une phobie, sauf en ce fait que ce n'était pas l'examen lui-même qui l'effrayait, mais plutôt la possibilité, intolérable pour elle, d'obtenir un mauvais résultat.

Elle semblait avoir une personnalité obsessionnelle.

Dès qu'un examen approchait, Dominique devenait de plus en plus anxieuse, commençait à prendre des somnifères pour dormir au moins quelques heures et elle « perdit » les cheveux du haut de son front.

Pleurant sans pouvoir s'arrêter, elle admit qu'elle les avait arrachés. Elle en était désespérée, et voyant l'examen approcher rapidement, elle considéra sérieusement la possibilité du suicide.

Pour mieux comprendre son désespoir, laissons-la parler elle-même.

« Je suis fille unique. Mon père est professeur à l'université. Ma mère est une femme beaucoup plus simple, et je ne l'aime pas vraiment.

Mon père est merveilleux. Il ne dit jamais qu'il veut que j'accomplisse des merveilles, mais je le sens. Surtout quand il a eu une déception lui-même; il semble alors devenir d'autant plus ambitieux pour moi. C'est une façon qu'il a de se donner confiance, je crois. Il était doyen de sa faculté, puis à l'élection suivante ils en ont choisi un autre. Mon père ne s'en est jamais plaint ouvertement et nous a assurées que cela ne le touchait guère. " J'ai tant d'autres choses à faire ", *a-t-il dit. Mais peu de temps après, il a commencé à me demander quelles chances de succès je voyais pour mon prochain examen. Cela m'a affolée. Je me suis remise à arracher mes cheveux, et pour le moment je pense que je ne vais même pas me présenter à cet examen. Je suis terrifiée à la pensée*

> *d'un échec possible, mais je n'ose pas en parler à Papa. Je pense souvent au suicide.»*
>
> Ceci représentait une situation complexe, et même dangereuse.

Il était évident que les problèmes de cette jeune fille avaient plus de chance de s'améliorer si elle vivait moins proche de sa famille.

Elle décida de prendre un appartement, ce qui l'écartait, au moins physiquement, de cette atmosphère lourde d'attentes.

Ensuite elle retira son inscription aux examens à venir et trouva un emploi comme secrétaire dans une étude d'avocat.

Elle acquérait donc son indépendance financière, ce qui lui permettait, sans avoir la conscience trop chargée, de remettre ses études à l'année d'après.

Cette fois, elle eut la bonne surprise d'arriver à faire face et à réussir l'examen tant redouté.

Sans doute son année de travail bien accomplie et la rémunération obtenue avaient-elles suffisamment relevé son niveau de confiance.

Sans vouloir citer un trop grand nombre de différentes formes de névrose obsessionnelle-compulsive, parlons au moins encore de quelques-unes des plus répandues.

C'est d'abord celle qui oblige le malade à se laver constamment les mains. Elle existe sous beaucoup de formes, bénigne ou sévère, de longue ou de courte durée, ainsi elle peut représenter seulement une habitude gênante ou, au contraire, gâcher sévèrement une vie.

→ **Robert,** un jeune ami (20 ans), nous avait frappés par son extrême besoin de propreté. Il avait perdu son père, à l'âge de dix ans, d'une crise cardiaque subite.

Quelque temps après cet événement tragique, le jeune Robert commença à se laver les mains toutes les heures, les demi-heures ou même plus fréquemment. Nous pouvions voir que son besoin de se nettoyer se manifestait avec d'autant plus d'insistance qu'il paraissait plus anxieux, pour des raisons pas toujours évidentes.

Ses mains ne restaient jamais souillées, mais au contraire étaient, à force d'être tant exposées à l'eau, couvertes de gerçures douloureuses.

Je n'ai pas su quels pouvaient être les fantasmes qui hantaient ce malheureux jeune homme depuis la mort de son père et le forçaient continuellement à se purifier : il était opposé à un traitement psychologique ou psychiatrique, et je l'ai perdu de vue.

Pensons aussi aux boulimiques, qui souffrent de « frénésie alimentaire ». Elles (ce sont plus souvent des femmes) rappellent étrangement les situations précédentes. La contrainte compulsive de manger à l'excès, accompagnée d'autocritique sévère ou même d'écœurement vis-à-vis de soi-même, rappelle précisément une névrose obsessionnelle-compulsive.

→ **Mme E.** se désolait :

« Que puis-je faire ? Dès que je me sens un peu bouleversée au sujet de quoi que ce soit, je me mets à manger. Voyez donc ma taille. Quelquefois, surtout pendant les vacances, je réussis à me maîtriser un peu et je perds alors du poids, mais dès que les tensions du travail recommencent, je n'y tiens plus. Je mange, cela me calme un moment; je ne supporte pas que quelqu'un m'en empêche; mais quand je vois le résultat, quelle disgrâce ! »

Traitement

L'exemple des enfants que nous avons cités suggère que des cures sont possibles, surtout si l'affection n'a pas eu le temps de se fixer et de devenir chronique.

Ceci est sans doute plus vrai pour cette forme de névrose que pour aucune autre, et il importe donc de la reconnaître le plus tôt possible et d'offrir au malade un traitement adapté.

Sauf dans les cas légers et de courte durée cités plus haut, le traitement se fait de préférence dans des centres spécialisés, dont quelques-uns ont connu des succès considérables.

Il y a là des approches individualisées (de la psychanalyse aux méthodes comportementales), des thérapies de groupe et d'autres.

A défaut, certains malades ont réussi à substituer à leurs compulsions autodestructives (comme la boulimie) des occupations absorbantes et constructives : du jardinage acharné, du footing énergique et prolongé, l'étude intensive d'instruments de musique, de langues étrangères ou autres; il peut en résulter une amélioration de leur névrose.

En attendant, aussi tentant que cela soit, il n'est jamais utile que les proches du malade essayent de l'empêcher de poursuivre ses activités compulsives.

Des appels répétés à faire ou ne pas faire ceci ou cela, des démonstrations de désapprobation comme *« Arrête cela, nous n'en pouvons plus; n'arrache pas tes cheveux comme ça; arrête-toi de te laver constamment; cesse de manger entre les repas… »* servent seulement à faire monter l'anxiété du malade et à le pousser dans la clandestinité ou la tromperie.

Pourtant, une attitude tolérante n'est pas facile à maintenir, surtout si, à cause de liens proches avec le malade, vous vous sentez doublement responsable.

Cette bienveillance liée à un flot d'excellents conseils peut, malheureusement, être nuisible, autant qu'une approche professionnelle compétente, préférablement loin de l'endroit de vie habituelle, peut s'avérer salutaire.

Réponse à la question initiale

> ***« Comment se fait-il que quand je suis ennuyé, tendu ou quand je me fais des soucis, je me sente obligé de vérifier tout ?***
> ***Ai-je bien fermé les portes ? Les lumières sont-elles bien éteintes ? Y a-t-il assez d'essence dans la voiture ? Et ainsi de suite à l'infini. Est-ce une maladie ? »***

Oui, vous souffrez d'une névrose obsessionnelle-compulsive, toutefois de peu de gravité.

C'est une maladie comme les autres névroses, qui s'aggrave sous le stress.

Parfois, elle peut bouleverser d'une façon préoccupante la vie de celui qui en est affecté; mais votre forme semble assez bénigne, et vous n'avez guère à vous en soucier.

Evitez le stress si vous le pouvez. C'est pourtant un conseil plus facile à donner qu'à suivre.

Névrose hystérique

> ***« J'ai remarqué que beaucoup de femmes se font traiter d'hystériques, à partir du moment où elles se plaignent de quelque chose d'un peu inhabituel. J'aimerais bien savoir ce que cela veut dire au juste. »***

Généralités

Il apparaît que les « hystériques » ont occupé les pensées, servi à remplir des livres et donné lieu à des articles sensationnels depuis des siècles.

Parler d'un ou d'une « hystérique » n'est pourtant pas suffisant pour décrire une personne ou en définir les particularités.

Dans le but d'introduire plus de clarté dans cette notion plutôt vague et souvent utilisée d'une façon péjorative, beaucoup de psychiatres distinguent à présent la *névrose* hystérique de la *personnalité* hystérique.

Nous parlons de cette dernière dans le chapitre sur les troubles de la personnalité.

Pour bien spécifier la différence entre un trouble de la personnalité et un trouble névrotique (une névrose), rappelons-nous ici qu'une personnalité se forme tôt dans la vie et par la suite ne se modifie plus essentiellement; tandis qu'une névrose se manifeste sous l'influence d'un « stress » et que la plupart des névroses s'améliorent ou disparaissent avec le temps.

Exprimé d'une autre façon, un trouble de la personnalité pourrait se comparer à la difformité d'une partie du corps, tandis que la névrose nous rappelle une maladie, disons une pneumonie ou une tuberculose, qui est gênante mais qui peut guérir.

Ajoutons toutefois que les symptômes de la névrose hystérique se manifestent assez souvent sur le fond d'une personnalité hystérique, mais ce n'est pas une règle absolue. Il se peut que les autres personnalités ne bénéficient pas d'une immunité contre les symptômes de la névrose hystérique.

Nous décrivons ci-dessous plusieurs formes de névroses hystériques.

—— L'hystérie du type dissociatif

Comme telle, elle est connue sous plusieurs formes, toutes rares, dont :
— les personnalités multiples,
— les fugues et les amnésies psychogènes,
— les états de dépersonnalisation.

Ces troubles se présentent souvent de manière sensationnelle. Nous en lisons des récits dans les journaux.

— Les névrosés à « personnalité multiple » (un terme qui peut mener à la confusion!) présentent des états bizarres et difficilement identifiés. Les experts les reconnaissent par le passage, souvent subit, d'un comportement à un autre, sans relation apparente entre eux. Chacun de ces comportements (dont l'un peut être agressif, l'autre soumis et le troisième plein d'humour) représente une tendance bien définie du malade lui-même, mais semble provenir de personnes différentes, auxquelles le malade tend à donner des noms. Ce sont pourtant des états passagers et donc pas des « troubles de la personnalité ».

— Pendant une « fugue hystérique », parfois confondue avec des phénomènes associés à l'épilepsie, le malade s'absente de son lieu habituel (d'habitation ou de travail) pour une période de temps très variable. Cet état est suivi d'amnésie (incapacité de se souvenir) pour la période de la fugue. Dans certaines circonstances, ces états peuvent donner lieu à des disputes juridiques.

— Dans le chapitre sur la névrose d'angoisse, nous avons décrit un état passager de dépersonnalisation. Certains malades qui souffrent d'une névrose hystérique du type dissociatif ont des expériences semblables, mais plus prolongées ou plus intenses. Il va sans dire que ces états de dépersonnalisation (dus à la névrose hystérique ou à celle de l'angoisse) peuvent coexister.

—— L'hystérie du type « conversif »

Elle est aussi dite *« de conversion »*. Elle se trouve bien plus fréquemment, et nous allons donc en parler plus en profondeur.

Dans cette situation, une transformation se produit dans le malade. Il change la profonde anxiété dont il souffre (et qui provient d'expériences traumatisantes antérieures), en symptômes physiques.

C'est comme si cette angoisse était alors neutralisée de telle sorte qu'elle puisse causer moins de dégâts.

Cette conversion du psychique au physique, qui passe par des voies mystérieuses, se produit d'une façon inconsciente et n'est en aucun cas volontaire.

Les symptômes

Ceux-ci apparaissent souvent dans des situations chargées d'émotion et se dissipent quand l'ambiance est redevenue calme.

Ils peuvent affecter toute fonction et n'importe quelle partie du corps humain, y compris les organes des sens, et présentent un aspect parfois dramatique.

L'intensité et la durée des symptômes représentent une mesure de la souffrance psychologique du malade, qui peut être inconsciente, au moins en partie.

Une autre caractéristique de cette névrose est que, très souvent, les malades donnent l'impression de ne guère se soucier des conséquences possibles de leurs symptômes, qui aux yeux de leurs proches pourraient faire craindre de graves troubles de santé.

C'est la « belle indifférence » déjà décrite par les psychiatres du siècle dernier. C'est un apparent manque d'attention à des fonctions essentielles, comme l'état de conscience même, la marche, les mouvements des bras, la vue, l'ouïe et d'autres déjà mentionnées. Cette « belle indifférence » semble provenir d'une semi-conscience du fait que ces symptômes, si sérieux soient-ils en apparence, ne sont que passagers; ou au contraire l'anxiété de base est si intense que rien d'autre ne paraît avoir de l'importance en comparaison.

Exemples

Parlons d'abord des symptômes « hystériques » banals, légers, généralement de courte durée, que nous voyons tous les jours, et dont nous avons peut-être souffert de temps en temps nous-même.

→ **Luc,** un garçon de 10 ans, que j'ai eu l'occasion de traiter brièvement, se plaignait de ne plus bien voir depuis un mois.

Il expliquait :

« Tout est gris devant mes yeux, j'arrive tout juste à voir où je suis, mais je n'arrive pas à lire ou à écrire. Pourtant, j'adore l'école. Heureusement ce sont les vacances maintenant. Autrement, je ne saurais quoi faire. L'autre jour, en mangeant, j'ai pris un morceau de pomme pour une pomme de terre. Quel drôle d'effet ça fait ! »

Les parents de Luc s'étaient récemment séparés, et son père fréquentait une femme dont la fille d'un premier mariage était aveugle. Luc s'était aperçu que son père donnait à cet enfant toute l'attention dont il se sentait tristement privé lui-même.

Dans l'hypothèse que ce garçon avait — inconsciemment — adopté une particularité de sa « rivale » pour attirer l'attention de son père, nous avons suggéré que père et fils passent plus de temps ensemble. Ce fut fait, et les symptômes de Luc disparurent rapidement.

→ Un exemple de névrose hystérique bien connu est celui de **Clara** dans le livre d'enfants de *Heidi.* Nous nous souvenons de cette jeune fille, qui avait perdu sa mère étant très jeune, tout comme Heidi elle-même. Elle était incapable de marcher (pour des raisons peu claires), mais se remit de son handicap sous l'influence de son amie Heidi, fille pleine de force et de joie de vivre.

Clara réussit donc, sans trop de peine, à s'identifier à cette compagne, qui d'une certaine façon avait subi un sort semblable au sien, mais qui s'en était tirée bien portante et vigoureuse.

Suivant ce modèle, lentement et progressivement, elle se mit donc à marcher et à recouvrer son énergie.

→ **Louise,** jeune fille de 13 ans, l'aînée d'une famile nombreuse, s'était mise à boiter, sans cause physique apparente. Des tests appropriés ne pouvaient en donner aucune explication.

Pendant ce temps, sa mère se remettait lentement d'une grave maladie qui avait nécessité une longue hospitalisation. Louise avait donc été obligée de remplacer sa mère; faire le ménage, s'occuper de ses jeunes frères et sœurs ainsi que de préparer les repas pour toute la famille, y compris son père.

D'abord elle avait manifesté une fatigue croissante et elle se plaignait : *« Je n'en peux plus, je ne peux pas continuer, j'en ai assez. »*

Mais la situation était telle que les soucis de tous n'avaient pour objet que la maman à l'hôpital, et personne ne faisait attention aux plaintes de Louise.

Il apparaît donc que, par quelque mécanisme inconscient, Louise arrivait à trouver une « solution » à son dilemme, montrant par l'intermédiaire de son corps qu'elle *« n'en pouvait plus »*. Une de ses jambes s'affaiblit sérieusement. Elle boitait.

Son problème ne demandait d'ailleurs pas de miracle pour qu'elle guérît. Une fois la maman rétablie et en état d'assumer de nouveau ses responsabilités, Louise « oublia » rapidement sa jambe lésée, et tout rentra dans l'ordre.

Donnons maintenant des exemples de situations beaucoup plus complexes et plus traumatisantes, susceptibles de provoquer des névroses hystériques de conversion plus graves et de plus longue durée.

→ **Mlle M.** avait presque 30 ans quand je l'ai connue. Elle nous était adressée par son médecin traitant dans le but d'élucider les doutes qui s'étaient formés sur son apparente surdité.

Elle donnait en effet l'impression de ne pas me comprendre quand je lui parlai pour la première fois : elle me priait d'énoncer plus distinctement mes mots pour qu'elle puisse lire sur mes lèvres; à défaut, de mettre sur papier ce que j'avais à lui communiquer.

Nous parlions difficilement, péniblement. Souvent elle ne répondait pas, se crispait, se cachait derrière son sac à main, avec des contorsions bizarres; puis sortait de ce sac une poupée miniature, qu'elle appelait *« ma chose »* et qu'elle faisait parfois « parler pour elle », avec une voix de bébé.

Quelquefois elle quittait brusquement la pièce, revenait, tremblait d'une manière convulsive, restait figée sur place, sans explication.

Je la laissais faire, espérant que progressivement un contact s'établirait.

Nous passions des demi-heures, ou plus, en parlant peu. Il était évident qu'un conflit se produisait en elle. Essayait-elle de gagner confiance, en elle-même, en moi ?

Seul un livre entier pourrait décrire fidèlement ce qui suivit, mais résumons.

Peu à peu, elle arriva à révéler qu'elle avait très peur de son père.

Depuis son enfance, il avait sexuellement abusé d'elle et la poursuivait encore par intermittence, sous la menace.

Sa mère et ses sœurs la rejetaient, sans doute par crainte que toute la famille fût déshonorée si la vérité était connue.

La police, à laquelle elle s'était adressée, ne la croyait pas.

Une hospitalisation psychiatrique s'imposait, dans un double but : de la protéger des persécutions de son père et de permettre une approche thérapeutique plus intensive.

Elle consentit, après beaucoup d'hésitations, me faisant comprendre qu'une telle hospitalisation ne ferait qu'aggraver l'image négative que sa famille se faisait d'elle.

Pendant les trois mois de soins à la clinique, elle progressa lentement, à tâtons, alors que ceux qui la soignaient investissaient un maximum de temps et de sensibilité.

Nos efforts soutenus ne réussissaient pourtant pas à obtenir le moindre contact avec sa famille, qui d'ailleurs ne vint jamais la voir. Elle m'assura que seul son frère, qui s'était éloigné de la famille depuis longtemps et vivait dans une autre ville, s'était montré solidaire de son problème.

Elle finit par tolérer une thérapie de groupe avec d'autres victimes d'inceste, menée par une infirmière, elle-même gravement traumatisée dans son enfance. Cette jeune femme avait surmonté les séquelles du traumatisme, grâce à une thérapie prolongée, et elle se distinguait par une sensibilité exceptionnelle.

Le traitement de ma malade avançait donc progressivement, surtout grâce à sa participation courageuse à la thérapie de groupe hebdomadaire. Dans ce cercle, elle réussissait à communiquer quelques-unes de ses expériences néfastes à celles qui en comprenaient pleinement l'impact tragique, grâce à leur propre expérience.

En plus, la psychothérapie individuelle continuait comme précédemment.

C'est très graduellement que son ouïe redevint aiguë et que ses conversations et ses mouvements se normalisèrent.

C'est avec un grand sentiment de fierté que, plusieurs mois plus tard, elle réussit à prendre un poste d'aide-infirmière dans une maison de soins pour enfants handicapés.

J'ai appris qu'elle était appréciée dans son travail où elle faisait preuve d'une grande sensibilité.

Plusieurs autres cas me viennent à l'esprit.

→ **Mlle D., 19 ans,** fut envoyée à la clinique après s'être effondrée chez elle.

Ensuite, elle passa trois journées et nuits en apparente inconscience, sans qu'aucune anomalie des organes puisse être décelée. Il fallut la nourrir par voie intraveineuse jusqu'à ce que, peu à peu, elle se réveille.

Elle aussi avait des antécédents psychologiques tragiquement traumatisants, semblables à ceux de la malade précédente.

Par contre, elle refusait tout traitement. Je l'ai donc perdue de vue.

→ **Mme M.** souffrait de crises de convulsions bizarres, et les tests appropriés ne montraient aucun autre signe d'épilepsie. Elle fut donc envoyée chez nous pour évaluation de son problème.

Elle avait perdu son père à l'âge de quatre ans. En larmes, elle décrivait sa vie de jeune enfant.

« Je me souviens très clairement de mon père. Il était doux, il me prenait dans ses bras. Je crois qu'il m'aimait beaucoup. J'étais son enfant unique et il me gâtait de tant de façons.

Puis, soudainement, il n'était plus là. Je n'y comprenais rien, et je ne l'ai jamais bien compris depuis. Ma mère n'a pas l'air de vouloir en parler.

Elle souffre d'ailleurs de crises épileptiques, et j'en ai souvent été témoin. Peut-être mon problème est-il le même que le sien ? Pourtant, elle en a souffert depuis son adolescence, et chez moi cela n'a commencé qu'après m'être mariée. Les médecins disent que ce n'est pas la véritable épilepsie. Mon mari commence à en avoir assez et m'accuse d'être hystérique. »

Pendant nos entrevues, nous cherchions ensemble dans quelles circonstances ses convulsions pouvaient se produire le plus fréquemment.

Peu à peu, nous commençâmes à découvrir qu'elles se manifestaient surtout avant que son mari ne parte en voyage. L'abandon, qui l'avait si profondément marquée pendant son enfance, avait causé une angoisse profonde, traduite chez elle en symptômes physiques.

Peut-être n'est-il pas surprenant que ces symptômes prennent la forme de la maladie de sa mère, à laquelle — inconsciemment — elle s'identifiait.

Après quelques entrevues douloureuses pour Mme M., pendant lesquelles nous touchions aux circonstances qui avaient entouré la perte de son père, elle reconnut assez facilement que ses mouvements spasmodiques bizarres avaient pu être « motivés » par sa grande crainte d'être une fois de plus abandonnée, cette fois-ci par son mari.

Par la suite, elle souffrit de moins en moins de « convulsions ».

Avant de nous séparer, nous avions invité son mari à se joindre à nous pendant une entrevue, dans l'espoir de l'aider à comprendre le rôle (tout à fait involontaire) qu'il jouait dans ce labyrinthe psychologique.

Peu à peu, leur vie de couple est redevenue harmonieuse.

Ajoutons, avant de clore ce chapitre, que ce n'est pas par hasard que les trois malades citées en dernier lieu soient des femmes, puisque ce sont elles qui sont le plus souvent touchées par cette maladie.

Réponse à la question initiale

> ***« J'ai remarqué que beaucoup de femmes se font traiter d'hystériques à partir du moment où elles se plaignent de quelque chose d'un peu inhabituel. J'aimerais bien savoir ce que cela veut dire au juste. »***

Il est vrai que beaucoup de femmes, plus que d'hommes, sont considérées comme « hystériques ».

Ce terme, toutefois, est très souvent employé mal à propos, sans que celui qui l'emploie ait une notion précise de ce que ce mot veut dire.

Ce chapitre, ainsi que celui sur les troubles psychosomatiques, essaie de clarifier quelques-unes de ces incertitudes.

Névrose hypochondriaque

« Mon médecin dit que je suis hypochondriaque, mais il a tort. Je sais que je suis malade, et si aucun de mes médecins n'a encore pu trouver ce dont je souffre, ce n'est certainement pas de ma faute. Qu'en pensez-vous ? »

— Généralités

Cette névrose est rare, mais quand elle se présente, elle nous impressionne par son intensité et par la grande difficulté de la guérir.

En écoutant un de ces patients, nous réalisons rapidement sa détresse et son intense désir de nous faire partager sa ferme conviction qu'il est très malade. Il se croit affecté par un trouble (dans n'importe quelle partie de son corps), presque toujours jugé grave.

Si, après des examens minutieux par les meilleurs experts, il est informé que sa santé est bonne, il tend à se mettre en colère, en exprimant sa conviction que personne ne veut lui dire la vérité, et il continue à se croire très malade ou même mourant.

—— Attention, ne pas confondre !

Malgré le fait que ces malades tendent à s'isoler des autres en se concentrant sur leur état de santé; malgré leur refus de voir la réalité en s'obstinant à se croire malades, nous ne pouvons pas les considérer comme psychotiques. (Voir les caractéristiques du « psychotique » dans le chapitre *Névroses et psychoses.*)

Au contraire, les personnes affectées de névrose hypochondriaque vivent essentiellement dans la réalité, sauf en ce qui concerne leur santé, au sujet de laquelle elles se font des soucis sans fin, généralement injustifiés.

Elles font penser aux personnalités obsessionnelles, auxquelles elles empruntent en effet des traits. Voyez donc comme elles s'accrochent aux moindres détails dans la description de leurs malaises, sans se laisser décontenancer par toutes les opinions contraires.

Les symptômes de l'hypochondriaque pourraient aussi rappeler ceux du névrotique hystérique, mais celui-ci n'a pas l'air de se faire de grands soucis, ce qui est à l'opposé de l'hypochondriaque. En plus, chez ce dernier, malgré ses plaintes intenses, les fonctions essentielles du corps ne sont pas interrompues comme elles le sont souvent chez l'hystérique (faiblesses, paralysies, surdités, etc.).

Les plaintes continues de l'hypochondriaque peuvent aussi suggérer qu'il s'agit de dépression.

En écoutant très attentivement le malade hypochondriaque, l'on reconnaît pourtant toujours l'attitude persévérante et souvent hostile du malade qui a *peur* de mourir et qui est convaincu que nous ne *voulons* pas le comprendre; tandis que le dépressif qui, d'une voix faible, décrit ses malaises physiques, tient surtout à nous convaincre qu'il n'y a plus de raison de continuer et que le mieux serait de mourir.

A cause du grand danger de suicide dans ce dernier cas (et rarement chez l'hypochondriaque), l'importance de faire la différence est évidente.

Un autre danger

Si nous connaissons un hypochondriaque depuis longtemps et qu'il se livre toujours à de nouvelles plaintes, nous risquons de nous irriter au point de ne plus l'écouter. Il est cependant vrai que même les hypochondriaques ne sont pas immortels, c'est-à-dire qu'il faut s'attendre tôt ou tard à une grave maladie. Il y a donc un risque que cette maladie un jour ne soit pas prise au sérieux, surtout par la famille, et peut-être même par les médecins.

Les causes

Il est rare de trouver une cause immédiate pour cette névrose qui se développe le plus souvent entre 40 et 50 ans. Elle suit parfois une maladie physique bénigne. Les symptômes de celle-ci sont alors amplifiés à l'extrême et prolongés indéfiniment.

Dans d'autres cas, les plaintes ont l'air de se développer sans cause immédiate apparente, sauf peut-être un « stress » d'une sorte ou d'une autre.

Elles présentent souvent une amplification hors de proportion de quelque sensation corporelle normale que tout le monde ressent et que la plupart de nous acceptent comme simple inconvénient.

Je pense à de petites toux banales, de légers « pincements du cœur », des ballonnements ou de petites douleurs dans le ventre causées par la dilatation ou le mouvement des gaz dans les voies gastro-intestinales.

Quant aux causes profondes de cette affection, notre compréhension en est essentiellement au stade d'hypothèses assez complexes, qui vont au-delà du cadre de ce livre.

Exemples

→ Je fus appelée à voir un patient chez lui, sur l'insistance de sa femme, qui me considérait comme « son dernier espoir » de pouvoir aider son mari.

M. T., âgé d'une soixantaine d'années, était soutenu dans son fauteuil à l'aide de coussins; il avait l'air renfrogné et me regardait en coin.

Je savais qu'il avait été professeur de grec dans un excellent lycée et qu'il avait pris une retraite prématurée à cause de maux de tête presque constants.

« *Voici encore un de ces toubibs, ou plutôt une,* disait-il. *J'en ai vu tellement que je ne peux plus les compter. Mais je voudrais vous poser juste une question, seulement une. Allez-vous croire ce que je vais vous dire ?* »

Je l'assurai que j'allais l'écouter consciencieusement et que même sans qu'il l'exprime, je savais qu'il souffrait. S'il se sentait bien, pourquoi m'aurait-il appelée ?

En ce qui concernait l'interprétation des symptômes qu'il allait me décrire, je me gardai de lui faire des promesses.

Il parut satisfait de ce contrat et se mit donc à me décrire tous les signes de ce qu'il considérait comme une maladie mortelle à l'intérieur de sa tête.

Il souffrait en effet de maux de tête presque constants, d'éclairs devant les yeux, de bourdonnements dans les oreilles, de palpitations du cœur qu'il ressentait jusque dans la tête et d'une fatigue presque constante. Il dormait mal, mais n'avait pas perdu de poids.

Il m'assura qu'un grand nombre de tests n'avaient rien montré de grave, mais qu'il était convaincu qu'il y avait encore des investigations qui n'avaient pas été faites et qui montreraient le vrai mal.

Je le regardai, sympathisant avec lui et avec ses souffrances. De toute évidence elles étaient réelles, autant que sa conviction qu'elles le conduiraient à la mort. Je savais aussi que cette conviction était immuable et que des arguments contraires ne pouvaient que lui faire perdre encore un allié dont il avait tristement besoin.

— *Je vais essayer de vous aider,* dis-je. *Je vous écouterai dans mon cabinet toutes les semaines, et vous pourrez partager avec moi toutes vos souffrances. Ce que je ne ferai toutefois pas, c'est de vous donner des opinions, laissant cela aux médecins qui s'occupent de votre corps.*

Alors qu'il venait me voir, en même temps qu'il se plaignait de douleurs et de phénomènes physiques extraordinaires, il parlait de plus en plus de ses anxiétés, ses tristesses, ses ennuis et ses colères, me permettant de faire des commentaires sur ce qui le tourmentait ainsi.

J'aimerais croire que j'ai pu le soulager un peu.

→ **Mme H., 45 ans,** était dans son lit de clinique après avoir subi une batterie de tests, qui ne révélaient aucun signe de maladie. C'était sa troisième hospitalisation en deux ans, toujours à cause de douleurs abdominales.

Elle était pâle et hagarde, anxieuse et hargneuse. Elle faisait pitié.

Quand je me présentai en tant que psychiatre, elle m'assura qu'elle avait été informée de ma visite, mais ne voyait aucune raison de me parler. Elle ajouta, d'une mine peu accueillante :

« Si ces espèces de médecins ne connaissent pas leur travail, pourquoi en appeler un autre, surtout un qui s'y connaît encore moins ? »

Pensant qu'elle serait tout de même avide de me décrire ses symptômes, j'attendis, et après une pause elle continua :

« Personne ne veut me croire, ou bien ils ne veulent pas me le dire. Je sais que j'ai une maladie incurable;

ce n'est pas pour rien que mon estomac me fait mal depuis deux ans. Si seulement ils voulaient faire le test qu'il faut; ils verraient que je ne plaisante pas. Mais qu'est-ce qu'un psychiatre peut faire? J'en ai vu déjà deux. Ils ont tous l'air comme s'ils avaient la bonne réponse, mais qu'ils ne veulent pas la révéler. Une chose que je dois quand même dire en leur faveur, c'est qu'ils n'essaient pas de me faire croire que je ne suis pas malade. En attendant il n'y a encore personne qui m'ait enlevé mes douleurs. »

Elle insista pour me montrer son ventre, plein de cicatrices à la suite d'opérations exploratrices.

Elle était épuisée, et je respectai son désir de dormir plutôt que de parler. Je ne l'ai pas revue.

→ **Mme V.,** mère d'une de mes amies, s'était plainte de symptômes variés depuis beaucoup d'années, toujours convaincue de mourir prochainement. Elle avait fait la connaissance de presque tous les médecins de sa ville. Ayant subi grand nombre d'investigations approfondies et d'opérations, elle paraissait en santé satisfaisante à l'âge de 88 ans.

Elle avait exprimé à sa fille unique sa grande crainte de mourir seule, et celle-ci lui avait promis de faire tout ce qui lui serait possible pour être à son chevet à l'heure de sa mort.

Mme V., maintenant dans une maison de retraite et souffrant d'une maladie de cœur, s'exprimait d'une manière de plus en plus lugubre. Tous les soirs, quand sa fille s'apprêtait à la quitter après une longue visite, Mme V. remarquait, presque en passant: *« Je vais sans doute mourir cette nuit, tu sais. »*

Sa fille, consciencieuse de nature, resta donc plusieurs nuits avec sa mère, somnolant inconfortablement dans un fauteuil. Epuisée, elle rentra chez elle un soir.

Vous l'avez sans doute deviné. C'était la nuit où Mme V. mourut.

Sa pauvre fille fut plongée dans les remords, mais peut-elle être blâmée ?

Réponse à la question initiale

> ***« Mon médecin dit que je suis hypochondriaque, mais il a tort. Je sais que je suis malade, et si aucun de mes médecins n'a encore pu trouver ce dont je souffre, ce n'est certainement pas de ma faute. Qu'en pensez-vous ? »***

Oui, madame, vous souffrez de névrose hypochondriaque, et c'est une maladie. Malheureusement les médecins n'ont pas encore trouvé de remède efficace pour cette souffrance intense.

Je suis toutefois convaincue que vous allez vivre sans doute encore longtemps. Surtout, ne perdez pas espoir.

Les troubles psychosomatiques

« Tout le monde paraît avoir peur d'être appelé psychosomatique, *moi aussi. Je ne veux pas que mes amis pensent que je m'imagine être malade. Que veut dire au juste psychosomatique ? »*

Généralités

Il y a confusion sur beaucoup de termes psychiatriques, mais celle-ci ne paraît jamais aussi marquée que quand il s'agit de troubles « psychosomatiques » ou de « somatisation »; (*sôma,* en grec, signifie *corps.*)

Ce terme s'applique souvent d'une manière vague à des conditions mal définies, et parfois veut seulement dire que d'après l'opinion émise par quelqu'un, le malade n'est pas vraiment malade, mais que c'est son imagination qui provoque les souffrances.

Larousse donne comme définition de l'adjectif *psychosomatique : qui concerne à la fois le corps et l'esprit;* une définition très large, qui a l'avantage de permettre beaucoup d'interprétations.

Pour tâcher de rendre ce sujet compréhensible, je propose de faire une distinction entre les « vraies maladies psychosomatiques » et celles qui pourraient assez facilement être classées avec d'autres affections psychiques, comme les névroses, les troubles de la personnalité, parfois les psychoses, et d'autres.

Nous allons donc préciser chaque groupe de symptômes d'après sa nature spécifique.

« Vraies » maladies psychosomatiques

Rappelons-nous d'abord que les symptômes de n'importe quelle maladie, y compris le cancer, varient avec les différentes formes de stress auxquelles nous sommes tous soumis quotidiennement.

Faim, manque de sommeil, surmenage, chagrin, toutes sortes de conflits et d'autres irritations banales peuvent sensiblement aggraver des symptômes qui étaient négligeables auparavant.

Il est suggéré que des formes prolongées de stress pendant l'enfance peuvent prédisposer à des maladies psychosomatiques plus tard.

Celles-ci sont décrites comme pouvant affecter n'importe quel système du corps. Nous mentionnons seulement les plus répandues, qui seraient l'asthme, les maladies des vaisseaux coronaires et l'hypertension artérielle, l'ulcère gastroduodénal, la recto-colite, certaines formes de l'eczéma et d'autres maladies de la peau.

Ce sont des maladies avec symptômes et signes bien définis, qui s'aggravent temporairement sous l'influence du stress (comme toute autre maladie) mais dont l'origine se situe dans le passé lointain du malade.

Elles peuvent se présenter sous des formes graves, nécessiter des interventions chirurgicales et entraîner la mort.

Elles n'ont rien à voir avec « l'imagination ».

Grâce aux efforts des psychanalystes, certaines relations ont été suggérées entre ces maladies et leur origine lointaine.

L'asthme, d'après certains, représenterait des larmes jamais versées; les maladies cardio-vasculaires : l'angoisse soutenue et de longue date; l'ulcère : la juste colère jamais exprimée et rejetée sur soi-même; et ainsi de suite.

Ajoutons que les livres sont loin d'être fermés à ce sujet, et les efforts pour trouver des réponses à de multiples questions continuent.

Quant aux traitements, ils s'adressent surtout aux troubles physiques qui demandent soit un bon médecin généraliste, soit un spécialiste approprié.

Si toutefois un psychiatre est consulté, il se préoccupera surtout de réduire le stress qui aurait causé ou aggravé le problème.

Symptômes physiques dus à des maladies psychologiques définies

Très souvent nous rencontrons des déprimés, des « névrotiques », des personnes affligées d'un trouble de la personnalité et même des psychotiques qui expriment des plaintes se référant à différentes parties de leur corps, mais qui dérivent manifestement de leur trouble psychologique bien défini.

Nous allons citer quelques exemples, même s'ils ressemblent à ceux qui sont cités dans d'autres chapitres.

—— Symptômes dus à la dépression

Parlons des situations où la dépression se manifeste de préférence par le langage des symptômes physiques ou « psychosomatiques ».

C'est quand il y a eu maladie ou traumatisme.

Ce sont les personnes actives et courageuses, se valorisant en fonction de leurs succès, qui en souffrent alors le plus fréquemment.

Dans ces conditions, l'expression physique de leur malaise psychologique suit de près le modèle des symptômes physiques dont elles avaient souffert tout récemment.

Exemples

→ **Mme C.,** qui précédemment était bien portante, physiquement autant que psychologiquement, subit un infarctus du myocarde à l'âge de 51 ans.

Elle s'en remit assez rapidement, aidée par des traitements appropriés.

Quand, de l'avis des cardiologues, elle fut prête à reprendre son travail, elle se plaignait d'une voix faible :

« Je ne peux pas, je suis trop fatiguée, je ne respire pas bien, mon cœur a l'air de faire des faux bonds, je me sens épuisée, je ne dors pas, je ne mange pas, je me fais des soucis pour tout. Tout me pèse, la vie est devenue un cauchemar que je n'arrive plus à supporter. Je ne fais même plus mon ménage. Je ne suis plus bonne à rien. »

Elle était considérée comme guérie et pourtant refusait de s'occuper utilement, se plaignant sans cesse de symptômes vagues.

Les cardiologues se demandaient ce qu'il pouvait bien y avoir. Son cœur fonctionnait bien maintenant, sauf quelques petites irrégularités intermittentes; pourtant, elle se sentait faible et sans entrain.

Ils se demandaient si c'était dû à la ménopause, si cela représentait une « névrose cardiaque » ou si l'on allait dire simplement que ses symptômes étaient « psychosomatiques ».

Le psychiatre chez qui elle fut envoyée apprit qu'elle n'avait jamais souffert de troubles nerveux auparavant. Femme très active, elle avait surmonté assez facilement les quelques obstacles et chagrins de tous les jours, en s'occupant. Elle avait été fière de ses succès.

Récemment, par contre, en raison de l'inactivité forcée due à sa maladie, elle avait été obligée de refouler les frustrations, au lieu de les dissiper en travaillant. Elle n'avait plus eu la satisfaction du travail bien fait.

En plus, elle ne se comprenait plus. Elle se voyait soudainement devenue une «petite nature» qui se plaint sans cesse. Sa confiance en elle-même s'écroula; sa dépression s'aggravait.

Le psychiatre avait vu beaucoup de situations semblables et savait que, à la suite d'un infarctus, environ une personne sur quatre souffrait d'une dépression, généralement accompagnée de symptômes psychosomatiques.

La malade fut donc traitée selon les principes mentionnés dans le chapitre sur les dépressions, et elle retourna au travail six semaines plus tard, se sentant bien.

Une autre situation souvent suivie de symptômes dépressifs considérés comme «psychosomatiques» ou même imaginaires, est celle qui se produit après un «coup du lapin» subi dans un accident de voiture.

Ce traumatisme, pourtant relativement bénin, peut entraîner une dépression prolongée, surtout quand il s'agit de personnalités semblables à celle décrite plus haut. Immobilisées par les douleurs presque constantes dues à leur traumatisme, elles perdent courage et, ne pouvant travailler, se démoralisent progressivement. Leur degré de dépression peut devenir sévère.

Une telle malade a été décrite dans le chapitre sur les dépressions.

Symptômes dus à la phobie de la mort

Cette phobie se présente souvent avec des symptômes psychosomatiques.

Un léger malaise peut représenter une menace, puisque la peur de mourir est toujours présente. C'est alors la visite chez le médecin qui ne trouve « rien » et en informe le malade; ceci ne le consolera pas, puisque sa peur de la mort reste intense.

Il ira sans doute d'un praticien à l'autre et ne donnera à aucun le privilège d'apprendre ce qui est son vrai malaise, se sentant trop gêné de se faire étiqueter peut-être comme lâche ou « psychosomatique ».

Si toutefois quelqu'un réussit à déceler ce qui vraiment le bouleverse, le traitement est celui de la phobie, avec toutes ses chances de succès. Le chapitre sur les phobies en parle.

Illustrons

→ **Mme M.** souffrait d'une anxiété presque constante, et tout en en connaissant bien la cause, elle ne l'avait révélée qu'à sa meilleure amie.

Désespérée par cette longue souffrance, elle finit par se confier à un psychiatre et dit :

« Je ne peux pas me débarrasser de cette peur de mourir. Elle me suit partout. Pour moi, un mal de tête, c'est une tumeur. Un mal d'estomac, un ulcère près de la perforation. Un mal de dos, le rein qui est atteint et je vais en mourir.

Je me dis que tous ces troubles n'ont pas encore mené à ma mort et que j'ai l'air plutôt bien portante, mais cette logique ne me sert à rien.

Que puis-je faire ? »

L'affection de Mme M. nécessita un assez long traitement, comparable à celui de Mme W. dans le chapitre sur les phobies.

Mentionnons en passant que, peut-être paradoxalement, il y a des « phobiques de la mort » qui se suicident, en laissant un message indiquant que la peur constante de la mort leur était devenue intolérable.

Ceci signifie sans doute que « la peur de la peur » est ressentie comme plus néfaste encore que la peur de la mort même.

Nous avons donné des détails sur la phobie de la mort dans ce chapitre plutôt que dans celui sur les névroses phobiques, parce qu'elle occupe une place toute spéciale parmi les maladies psychosomatiques.

— Symptômes associés aux autres névroses phobiques

Ces symptômes sont décrits dans le chapitre sur les névroses phobiques. Ceux qui en souffrent font la ronde des médecins, cherchant une autre réponse à leur détresse que celle (déshonorante à leurs yeux) de faire partie des « malades psychosomatiques ».

Leur traitement, très efficace quand il est bien suivi, est une fois de plus celui mentionné dans le chapitre sur les névroses phobiques.

— Symptômes associés aux personnalités obsessionnelles

La migraine en est le trouble le plus répandu, et si l'on essayait de faire la somme de toute la souffrance subie par ces hommes et femmes généralement travailleurs, consciencieux et droits, elle serait immense. La migraine s'établit presque toujours *après* qu'est passé l'événement qui avait causé la tension nerveuse.

Des facteurs hormonaux chez les femmes et, bien que moins évident, sans doute chez les hommes, jouent aussi un rôle, puisque les migraines se manifestent beaucoup plus souvent, et parfois exclusivement, avant ou pendant les règles. Elles diminuent ou disparaissent avec la ménopause.

Exemples

→ **Mme F.,** jeune avocate, mariée avec deux enfants en bas âge, avait réussi à accomplir toutes ses tâches d'une manière exemplaire, étant consciencieuse et perfectionniste.

Grâce à un sens du devoir quasi obsessionnel, elle réussit à continuer son travail alors que tous les mois pendant les deux premiers jours de ses règles elle souffrait de fortes migraines.

Ce n'était qu'une fois par an, le 25 décembre, qu'elle s'effondrait sous la pression de maux de tête intolérables qui la forçaient à s'allonger le jour de Noël, comble de malheur. Avant ce jour de fête, elle s'acharnait tant à accomplir tout ce qu'elle avait projeté pour sa famille, tout en continuant son travail professionnel, que sa tension montait au point culminant. Une fois toutes ses tâches achevées, c'était la grosse migraine qui s'installait et gâchait cette journée de fête, pour elle et sa famille.

Sans doute connaissez-vous des cas semblables.

→ **Un cardiologue** fort apprécié par ses malades autant que par ses confrères pour le soin méticuleux qu'il apportait à l'exercice de sa profession, où il visait toujours la perfection, souffrait périodiquement de migraines; mais il ne s'en plaignait pas outre mesure.

Par contre, ce qui l'inquiétait, c'étaient de petites irrégularités du rythme cardiaque, tout à fait bénignes. Il avait maintes fois rencontré des troubles semblables chez ses malades, et les avait fortement rassurés, leur disant qu'il n'y avait rien à craindre et qu'il fallait tâcher de les ignorer.

Cependant, ayant découvert cette « imperfection » en lui-même, il s'affola. Il alla de confrère en confrère, demandant conseil; mais malgré les résultats tout à fait rassurants des examens, il ne se calmait pas, n'osant plus partir en vacances, craignant un sérieux ennui de santé.

Il s'opposa énergiquement à voir un psychiatre, ce qui pour lui aurait représenté une autre preuve d'imperfection.

Quand finalement il y consentit, l'amélioration de ses symptômes survint assez rapidement. Il avait été amené à comprendre qu'il s'agissait de modifier sa tendance obsessionnelle qui s'était focalisée sur les manifestations physiques.

Après cette révélation, il réussit à trouver d'autres débouchés à ses aspirations. Il commença des leçons de piano qu'il poursuivit de façon obsessionnelle, mais avec grande satisfaction. Ses symptômes physiques diminuaient.

— Symptômes associés aux personnalités hystériques

Nous n'allons pas répéter ici les symptômes physiques de la *névrose* hystérique, détaillés dans le chapitre sur les névroses.

Les *personnalités* hystériques insistent très souvent auprès de leurs interlocuteurs sur les maux qui affectent leur corps. Comment mieux attirer l'attention sur soi-même, recueillir des manifestations de sympathie et se trouver au centre de son monde?

Exemples

→ **Mme H., âgée de 62 ans,** mentionnait souvent sa pneumonie, ses maladies infantiles variées, sa scarlatine, suivies par des grippes récidivantes, des menstruations abondantes, des douleurs atroces pendant les couches, et plus récemment par des souffrances intolérables dues à l'arthrite.

Ses interlocuteurs se montraient, au moins pour un moment, fascinés par ses descriptions hautes en couleur et riches en détails.

« A la naissance de mon bébé, j'ai à peine échappé à la mort. Le médecin me disait que c'était un miracle d'avoir survécu. Il y avait du sang partout, et j'allais d'un évanouissement à l'autre. C'était affreux. Lorsque j'atteignis la ménopause, je n'en pouvais plus. Ces chaleurs subites me démolissaient. Que de souffrances ! »

Ai-je l'air de me moquer d'elle ? Ce n'est pas le cas. Tout au contraire. Je plains ces personnes qui vivent convaincues qu'elles n'ont pas de valeur, à moins d'en fabriquer.

→ **Mlle Y., 22 ans,** sanglotait :

« Je ne sais pourquoi je fais toujours un tel plat de moi-même. Quand je tousse un peu, je fais comme si je souffrais de pneumonie, et pour un petit mal de tête je joue un drame.

Peut-être veux-je faire semblant d'être quelqu'un d'important quand je sais parfaitement que je suis nulle.

Dans le fond de moi-même, je me déteste. »

Comment aider ces personnes qui vous paraissent souvent si attrayantes à première vue, mais qu'on trouve ensuite geignardes et à la longue assez fatigantes ?

Il s'agit d'encourager leur confiance en elles-mêmes par tous les moyens à notre disposition, de les prendre « par leur bon côté », de leur faire voir leurs atouts, de consolider leurs meilleures qualités.

Symptômes dus à la névrose hypochondriaque

C'est la maladie psychosomatique par excellence, étant donné que le malade passe une partie de sa vie à se *croire* malade.

C'est le *Malade imaginaire* de Molière. Si ce grand écrivain avait lu des volumes sur la psychiatrie, il n'aurait pas mieux décrit cette maladie.

De nos jours, toutefois, nous la voyons rarement.

Pour les détails et des exemples, voir le chapitre sur la névrose hypochondriaque.

Symptômes dus à la névrose d'angoisse

Toute émotion est accompagnée de symptômes physiques, souvent dissimulés.

Il n'y a pas de fumée sans feu, dit-on. Il n'y a pas non plus de feu sans fumée.

Il y a donc mariage intime entre émotions et corps.

Essayez de garder un doux sourire en vous mettant en colère. Tâchez de ne pas rougir quand vous vous sentez gêné, de ne pas transpirer quand vous avez peur; de lutter contre l'accélération de la respiration ou les battements affolés du cœur en face d'un événement angoissant. Essayez de retenir vos larmes quand vous êtes très triste; vous n'y réussirez sans doute pas.

Ce sont des réactions normales à des événements de tous les jours.

Dans la névrose d'angoisse, par contre, le malade est presque constamment soucieux, se détend rarement et voit des dangers partout pour lui-même ainsi que pour tout l'univers (voir le chapitre sur la névrose d'angoisse).

Il n'est donc pas surprenant que les symptômes physiques abondent, étroitement liés aux angoisses.

Un exemple

→ **M. A., 36 ans,** ne se sentait que très rarement à l'aise, se faisant du souci pour tout: le temps qu'il ferait demain, sa santé ainsi que celle de sa famille, l'inflation qui surviendrait sûrement, et ainsi de suite.

Il vivait pourtant dans le confort et avait pris toutes les mesures de sécurité possibles, ayant souscrit à quantité d'assurances.

En même temps, il souffrait d'un grand nombre de malaises d'ordre physique: des maux de tête, des crampes musculaires dans le dos et dans la nuque, des palpitations et des insomnies. Son visage était déjà marqué par de profondes rides.

Qui n'a pas rencontré dans sa famille, ou parmi ses amis, ces angoissés?

— Symptômes dus à certaines formes de la schizophrénie

Parfois, les premiers symptômes de cette maladie sont d'ordre physique. Les malades se plaignent de douleurs dans les bras, les jambes; de brûlures des organes génitaux ou des yeux; d'élancements dans tout le corps et de beaucoup d'autres malaises, qui en s'accroissant aboutissent à des plaintes franchement délirantes.

Quelquefois, cependant, ces symptômes sont longtemps de faible intensité, sans être accompagnés d'autres signes; de façon telle qu'ils ne peuvent être identifiés jusqu'à ce que de nouveaux troubles, plus sinistres, s'y associent (des idées clairement délirantes, des expériences hallucinatoires, de la dissociation de la pensée, du repli sur soi, et d'autres symptômes).

La maladie de base devient alors, tristement, plus claire, et plus nécessaire l'approche thérapeutique.

Ceci nous mène à un tout autre groupe de malades, qui sont parfois par erreur étiquetés comme « psychosomatiques ».

Nous parlerons de personnes qui se plaignent et souffrent d'une maladie du corps, avec signes si obscurs que leur origine ne peut pas encore être détectée.

Les malades méconnus

Ce sont ces infortunés porteurs de maladies dont la nature n'est pas encore suffisamment éclaircie.

Un autre groupe souffre de symptômes qui ne sont pas bien définis ou ne sont pas typiques d'une maladie pourtant bien connue. Le médecin se trouve donc dans l'impossibilité de les identifier.

— Maladies encore inconnues

Celles-ci ne sont pas fréquentes de nos jours. Pourtant il n'y a pas beaucoup plus de vingt ans que la découverte fut faite du prolapsus de la valve mitrale du cœur, une anomalie généralement bénigne. Elle peut toutefois causer des symptômes suggérant de plus graves maladies du cœur.

L'invention de certaines techniques de dépistage a permis d'identifier cette anomalie et de donner un nom à l'ensemble de ses symptômes, qui auparavant ont été souvent considérés comme « nerveux ».

— Maladies à symptômes voilés ou atypiques

Ces « cas » se présentent très fréquemment au cabinet du médecin (surtout au stade initial de la maladie), et une bonne partie des études universitaires de médecine a pour but de les décoder le plus tôt possible, malgré les difficultés évidentes.

Le médecin se voit pourtant handicapé par une multitude d'obstacles, les tests de laboratoire n'étant nullement concluants au stade préliminaire de beaucoup de maladies. En plus, les malades hésitent souvent à se faire réexaminer, par crainte de se voir considérer comme « douillets » ou comme cas « nerveux psychiques ». Quelquefois ils changent de médecin, ce qui est rarement justifié et ne sert pas toujours l'intérêt du malade.

Illustrons

→ **Mme C.** se plaignait de fatigue excessive, après s'être remise d'une grossesse sans complication et d'un accouchement banal.

Elle disait :

« J'ai toujours été bien portante et pleine d'énergie. Maintenant je me traîne. Je suis fatiguée dès que je me lève le matin; je ne pense qu'à me recoucher. N'importe quel petit effort me semble de trop. Même soulever le bébé m'épuise. Je n'y comprends plus rien; mon mari commence à s'impatienter. Aussi bien, je n'ai plus aucune envie de faire l'amour. »

Les tests ne révélaient rien de très anormal. Elle n'était que légèrement anémique; ses poumons, son cœur, ainsi que ses reins et son foie, semblaient en bon état. Etait-ce le stress d'un nouveau bébé qui la fatiguait tant, ou le manque de sommeil, ou peut-être ses « nerfs » ?

Les fortifiants ne l'aidaient pas, les calmants la rendaient plus lasse encore.

Finalement une analyse spécifique, visant la fonction thyroïdienne, révéla une insuffisance de cette glande.

Des médicaments appropriés remirent assez rapidement de l'ordre dans la vie de Mme C.

→ **Mme T., 52 ans,** infirmière, s'était sentie dérangée par un battement rythmique à l'intérieur de sa tête depuis des mois. Elle avait consulté plusieurs médecins et subi quantité d'examens, mais les résultats n'avaient rien révélé d'anormal.

Les médecins avaient essayé de la persuader qu'il fallait oublier ce symptôme tout en poursuivant ses activités habituelles.

Mais Mme T. insistait.

Un autre médecin fut consulté. Celui-ci mit son stéthoscope sur la tête de Mme T., à l'endroit où elle croyait sentir ce battement et, surprise, il perçut les mêmes petits chocs rythmiques, à l'unisson avec le cœur de Mme T.

Ce bruit devait donc provenir de vaisseaux sanguins anormaux.

Des examens ultérieurs montrèrent en effet que Mme T. souffrait d'une tumeur vasculaire du cerveau (une grosseur formée de vaisseaux sanguins).

Quand Mme T. fut informée de ce diagnostic, elle poussa un soupir de soulagement :

« Je suis contente que ce soit une tumeur et non pas mon imagination. Je commençais à penser que je devenais peut-être folle.

Mes amis me regardaient parfois curieusement et me demandaient si je ne pouvais pas m'arrêter de parler de ces bruits dans ma tête. Que je suis contente que cela ait l'air d'être une vraie maladie. Maintenant je peux dire à mes amis ce que j'ai, et ils vont me respecter à nouveau.

Je dois avouer que la possibilité que ce soit une tumeur maligne ne m'effraie même pas tellement. Ce serait quelque chose de réel à affronter plutôt que cette sensation vague et humiliante de me faire peut-être des idées. »

Mme T. fut donc opérée et la tumeur, qui se révéla bénigne, fut enlevée avec succès.

Quand je vis Mme T. pour la dernière fois, elle allait bien, ne se plaignant de rien.

Ce que Mme T. avait révélé n'était pas exceptionnel. Tant de personnes souhaitent vivement que le médecin leur trouve une vraie maladie, plutôt que de devoir dire à leurs amis et famille que rien n'a été trouvé, et que leurs plaintes doivent donc être imaginaires ou « dues à leurs nerfs ».

Réponse à la question initiale

> ***« Tout le monde paraît avoir peur d'être appelé* psychosomatique, *moi aussi. Je ne veux pas que mes amis pensent que je m'imagine être malade. Que veut dire au juste psychosomatique? »***

Avoir une maladie psychosomatique est toujours (sauf dans le cas de la névrose hypochondriaque) *autre chose* que de *s'imaginer* être malade. J'espère que ce chapitre vous aidera à le croire.

Julie.
Un cas de schizophrénie qui n'en était pas un

« Qu'est-ce donc que la schizophrénie ? Tout le monde en parle et personne n'a l'air de décrire la même chose. »

Généralités

C'est tout à fait vrai, parce que cette maladie se présente sous tant de formes différentes que certains ont même cru qu'elle existait surtout dans l'imagination des psychiatres.

Malheureusement, les faits suggèrent qu'il n'en est pas ainsi, mais que cette affection est tragiquement réelle, autant que le diabète, l'arthrite rhumatismale, certaines allergies et tant de maladies dont nous ignorons encore la cause exacte.

Beaucoup d'encre psychiatrique a déjà coulé au sujet de ce que nous appelons la schizophrénie, et je ne voudrais pas y ajouter; sauf pour parler d'une expérience vécue par une de mes malades; ceci dans le but de mettre en garde ceux qui tendent à étiqueter de « schizophrénie » toute attitude bizarre ou aberrante.

Le cas de Julie

Julie avait 17 ans quand son père l'amena à la clinique psychiatrique à cause du comportement bizarre qu'elle avait manifesté depuis plus de deux semaines.

Jusqu'alors, elle avait été bonne élève en terminale au lycée, vivant avec ses parents et deux jeunes frères. Son père la décrivait comme calme, obéissante, et même soumise de nature, causant rarement des soucis et participant consciencieusement à la stricte observation des règles de l'église baptiste à laquelle la famille appartenait.

Que s'était-il donc passé pendant les semaines précédant son arrivée chez nous?

Cette énigme nous préoccupa dès que nous la vîmes approcher le long du couloir à côté de son père. Elle avait été adressée à notre service par le médecin des urgences sous le diagnostic de « schizophrénie aiguë ». J'étais alors interne en psychiatrie, et je fus désignée pour la soigner.

Tous ceux qui l'observaient étaient frappés par son comportement extraordinaire, qui rappelait en effet celui d'une profonde psychose (voir le chapitre sur la distinction entre névrose et psychose).

Elle marchait comme dans un rêve, sans communication apparente avec son entourage, regardait fixement devant elle et ne parlait pas. Arrivée dans sa chambre, elle enlevait une partie de ses vêtements et s'asseyait par terre, le dos contre le mur, torse nu, yeux grand ouverts, fixant un tableau en face d'elle.

Elle mangeait à peine, mais de temps en temps entrait dans la salle de bain, remplissait la baignoire et lapait l'eau à grandes gorgées, à la manière d'un chien. Elle ne répondait à aucune de nos questions, n'ayant pas l'air de les entendre.

Parfois elle sortait de sa chambre, et si personne n'était près du téléphone, elle composait un numéro, puis avait l'air d'écouter. Ensuite, couvrant sa bouche d'une main, semblait parler; dès qu'une infirmière approchait, elle remettait l'écouteur en place et retournait dans sa chambre.

Que signifiait tout ceci? Etait-ce vraiment la schizophrénie? Elle ne nous parlait pas. Comment pouvions-nous deviner sa façon de penser?

Comment allions-nous la traiter?

Une controverse, et même une polémique, s'engagea parmi l'équipe soignante; certains, comme moi, préféraient l'observer sans lui donner de médicaments, en attendant d'y voir plus clair; les autres, craignant que la situation ne s'aggrave, étaient favorables à un traitement immédiat.

Pendant ce temps, nos recherches sur les antécédents révélaient des circonstances extraordinaires qui avaient précédé l'entrée de Julie à la clinique.

Quelques semaines auparavant, encouragée par un copain, elle avait manifesté de l'intérêt pour une secte pseudoreligieuse qui s'appelait *Les Fils de Dieu.* Ce petit groupe se réunissait régulièrement dans la maison d'une personne considérée comme « un peu bizarre », que nous allons appeler Mme X.

Il apparaît que cette personne acceptait de jeunes « disciples » sous condition qu'ils renoncent à aller à l'école, ainsi qu'à écouter les conseils de leurs parents ou de quiconque qui n'appartenait pas aux *Fils de Dieu.*

Julie avait passé plus de quinze jours dans cette ambiance. Nous avons su par la suite qu'elle occupait ses journées et une grande partie de ses nuits assise dans une pièce dont les rideaux restaient fermés. Elle et les autres « croyants » priaient Dieu sans cesse, sous la direction de Mme X.

Elle mangeait et buvait peu, dormait à peine et se sentait de plus en plus envahie par l'observation des rites que Mme X. proclamait comme menant droit au salut.

Les parents de Julie s'inquiétaient et venaient voir ce qui se passait.

Mme X. les recevait à la porte en leur disant que Julie se portait bien et ne désirait pas les voir.

Peu de temps après, l'ami de Julie quitta la secte et communiqua aux parents ce qui se passait. Non seulement il décrivait les méthodes bizarres dont Julie et les autres jeunes étaient l'objet, mais il signalait aussi que Julie paraissait de plus en plus renfermée, et, sachant qu'il allait quitter la secte, avait cessé de lui parler.

C'est alors que les parents, en compagnie de leur pasteur, parvinrent à entrer dans la demeure de Mme X., non sans difficulté. Ils furent obligés de surmonter la résistance physique de cette dame énergique, et Julie elle-même se cacha d'eux et résista activement à cet «enlèvement».

Quand finalement ils eurent obtenu gain de cause, ils amenèrent Julie à notre clinique, la croyant affligée d'une grave maladie mentale. C'est en effet l'impression qu'elle nous donna à première vue.

Retournons donc à sa chambre de malade où elle continua à se comporter d'une façon «catatonique», c'est-à-dire souvent immobile et évitant tout contact avec son entourage.

Comme les autres malades, elle fut présentée au chef de clinique qui l'observa longuement.

Elle continuait à se taire, le contenu de ses pensées ne pouvait donc être déchiffré.

Sous les ordres du chef du service, la décision fut alors prise de traiter Julie par médicaments, parce que, à son avis, *«ce comportement manifestait une schizophrénie»*.

J'étais désappointée, alors que l'opinion des infirmières semblait divisée; mais nous étions tous dépendants du médecin chef quand il s'agissait de décisions difficiles.

Par la suite, comme Julie refusait d'avaler les médicaments, il fallut les administrer par piqûres, ce qui causa des complications supplémentaires.

Après un jour ou deux, les médicaments, destinés à diminuer les symptômes de schizophrénie, n'avaient produit aucun effet quant à l'aspect et au comportement de Julie.

Le médecin chef me demanda donc : *« Que proposez-vous de faire ? »*

J'indiquai que je souhaitais la voir rentrer chez elle, vu que son maintien à l'hôpital était devenu problématique, l'équipe soignante ne pouvant se mettre d'accord sur les points essentiels du diagnostic et du traitement.

Elle quitta la clinique le lendemain. Au grand soulagement de tous, elle se remit assez rapidement de ce long cauchemar, qui avait marqué tous ceux qui la connaissaient.

Après une période de repos et de réintégration progressive dans la vie de tous les jours, elle se montra toute disposée à retourner à l'école et à terminer son année.

Pendant ce temps, je l'aidais à comprendre par où elle était passée, et peu à peu elle saisit l'étendue de l'erreur dans laquelle elle s'était lancée innocemment, et dans laquelle elle aurait pu s'embourber.

Un jour elle nous confia, avec un petit sourire, *« Je crois que je m'étais soumise à une folle »*.

Entre-temps, des recherches faites par le service social mirent à jour que Mme X. était une fanatique pseudo-religieuse, dont le but était de se faire des « disciples » pour mieux combattre une dépression sévère dont elle avait souffert. Sa secte fut rapidement dissoute, et Mme X. accepta un traitement psychiatrique.

Julie nous a-t-elle appris quelque chose?

Pourrions-nous tomber dans le même piège?

Considérons les antécédents de la vie de Julie. Elle ne souffrait d'aucune maladie mentale, mais manifestait certains traits de personnalité qui pouvaient la rendre vulnérable à des influences fortes et persistantes. Elle était timide, peu portée à s'extérioriser, peu sûre d'elle et volontiers soumise, très jeune encore et à la recherche d'une identité solide.

En plus, elle avait été habituée à une vie religieuse intense. Le pas vers une secte qui proclamait l'ultime salut ne devait donc pas lui paraître trop grand.

Il y a plusieurs observations supplémentaires à faire.

La méthode employée par Mme X. ressemblait étrangement à celles qui ont été utilisées par des dictateurs avides d'exercer une emprise forte et durable sur leurs sujets ou leurs prisonniers : privation de sommeil, de nourriture et de toute influence extérieure autre que celle désirée. En même temps, bombardement psychologique par propagande politique, répétition incessante de clichés persuasifs. Bref, la méthode du « lavage de cerveau ».

Julie raconta plus tard que les appels téléphoniques qu'elle avait faits de la clinique avaient été adressés à Mme X., qui lui donnait des directives quant à son comportement ultérieur.

Il était clair que Julie, ainsi que d'autres jeunes, avait été soumise à une expérience de « lavage de cerveau », heureusement d'assez courte durée, mais dont le résultat avait l'aspect d'une grave maladie mentale.

D'autres personnes toutefois ont été retenues pendant des mois dans des situations semblables à celle de Julie. Une fois emprisonnées, parfois au sens propre, mais surtout psychologiquement, dans une telle atmosphère, elles se sont difficilement décrochées de ce milieu.

Un autre « cas »

→ **Un jeune homme** de ma connaissance, qui avait récemment perdu sa mère et se trouvait donc dans un état de grande fragilité psychologique, s'était fait « adopter » par une secte.

« Je me sentais tiré de tous les côtés. Pendant un moment je me convainquais que c'était merveilleux, et qu'enfin j'avais trouvé le vrai chemin vers la paix intérieure. Peu de temps après je me demandais si mon guide n'était qu'un charlatan qui convoitait mon argent et ma capacité de travailler pour lui, et ne s'intéressait guère à sauver mon âme.

Pourtant, une force magnétique semblait m'attacher à lui et à ses prosélytes.

Ce n'est que grâce aux efforts déterminés de ma famille que j'ai pu m'en sortir. »

Conclusion

Le « lavage de cerveau » est, comme nous l'avons vu, une atteinte grave, contre laquelle ni vous ni moi ne bénéficions d'une immunité absolue. Restons donc vigilants.

Réponse à la question initiale

« Qu'est-ce donc que la schizophrénie ? Tout le monde en parle et personne n'a l'air de décrire la même chose. »

Nous savons que nous n'avons répondu que très succinctement. Nous avons seulement décrit quelques symptômes d'une autre affection qui ressemblait étrangement à certaines formes de la schizophrénie.

La discussion de cette maladie complexe et souvent tragique dépasse toutefois le cadre de ce livre.

L'âge d'or

« Maintenant que j'ai 70 ans, Docteur, allez-vous me négliger ? Etes-vous de ceux qui voient la vieillesse comme une maladie mortelle, où il n'y a plus rien à faire ? »

Généralités

Ce vaste sujet réclame un livre plutôt qu'un chapitre. Nous en évoquerons donc quelques aspects seulement.

L'expression « âge d'or » serait-elle une mauvaise plaisanterie ?

Oui et non.

Il y a ceux qui sont favorisés et d'autres qui le sont moins.

Les vieux favorisés

Les médias et les biographes nous renseignent sur les vies de personnes exceptionnelles qui, grâce à leurs talents et à des circonstances propices, ont accompli beaucoup, connu la gloire et jouissent d'une vieillesse comblée, du moins en apparence. Pensons à Picasso, Rubinstein, Chaplin, Casals, Jessica Tandy, et beaucoup d'autres.

Il y a aussi des inconnus (sans doute un très grand nombre), pour qui la vieillesse est un temps de contentement, de calme relatif et de paix intérieure qui dérive de la satisfaction des tâches accomplies.

Pour d'autres vieux, grâce à de l'énergie, de la détermination et une bonne santé, l'avance de l'âge ne signifie nullement l'abandon de leurs activités habituelles. Ils découvrent même de «nouveaux» intérêts, qui avaient sans doute existé bien auparavant, mais pour lesquels ils n'avaient pas de temps disponible.

Je me souviens d'un professeur de collège retraité, qui pendant toute sa vie professionnelle s'était plaint du manque de temps pour la lecture.

Il regardait cette période de retraite comme un gain. Chaque jour de la semaine, jusqu'à huit jours avant sa mort à l'âge de 91 ans, il se rendait à pied à la bibliothèque municipale pour échanger un livre qu'il avait dévoré depuis la veille.

Témoignages

→ **M. E., 78 ans,** cuisinier retraité, père de quatre enfants, me confia :

« J'ai fait ce que j'ai pu de ma vie. Je n'ai pas toujours réussi à bien faire, mais j'ai essayé. Ma femme est contente de sa vie elle aussi. Nous avons finalement compris que les petites choses ne sont pas si importantes que ça. Nous nous chamaillons beaucoup moins que dans le passé. Nos enfants nous disent que nous méritons de nous reposer maintenant. Ils ne comprennent pas qu'à notre âge il est beaucoup plus important de se sentir utile que de se reposer.

Alors nous les aidons comme nous le pouvons. Notre santé est encore bonne. Nous rions un peu des gens qui ont l'air de penser que la vie sexuelle s'arrête à 65 ans. Peut-être ne faisons-nous plus l'amour avec autant de passion, mais nous en jouissons encore. Ma femme est devenue plus douce qu'auparavant. »

→ **Mme F., à 92 ans,** avait une santé satisfaisante. Elle marchait à l'aide d'une canne, car elle souffrait d'une arthrose de la hanche, mais son ouïe et sa vue étaient bonnes.

Elle possédait un appartement près d'un de ses trois enfants (eux-mêmes retraités), et, divisant ses années en trois parties, vivait alternativement avec les uns ou près des autres. Elle aimait voyager.

Lors de notre dernière rencontre, elle me montra le cinquième chapitre du livre qu'elle était en train d'écrire. C'était une belle œuvre, décrivant les différents stades de sa vie fascinante. *« C'est pour mes petits-enfants »*, dit-elle, et elle ajouta :

« Il y a tant d'aspects positifs à mon âge. Les jeunes vous aident quand vous en avez besoin. Les décisions que vous prenez sont plus réfléchies qu'auparavant, grâce à l'expérience que vous avez accumulée. Vous choisissez mieux vos priorités, ce qui simplifie la vie.

Vous omettez les aspects de moindre importance, ce qui vous donne plus de temps pour l'essentiel. Vous devez rester toujours accommodants et prêts à vous changer selon les besoins. Ma famille m'accepte comme je suis. J'ai de la chance. Mais à côté de cela, je suis devenue lente, et les autres n'aiment pas toujours attendre. De plus, je suis assez handicapée à cause de ma jambe, et je déteste demander de l'aide quand il s'agit de porter quelque chose. J'oublie constamment où j'ai mis mes lunettes, et cela m'agace : ma mémoire était si bonne auparavant.

L'essentiel, pourtant, est que je sois encore à même d'être utile. »

→ **M. G., 72 ans,** avait eu une vie difficile. Quand je lui demandai quelle avait été la meilleure période de sa vie, il me répondit sans hésitation :

« *C'est assurément maintenant. J'ai l'impression que je suis passé par tous les troubles imaginables et que je n'en aurai jamais de pires. Le plus important pour moi, c'est d'être encore bon à quelque chose. J'ai un potager, et je partage mes légumes avec mes voisins. Dans la maison d'à côté, il y a un petit garçon qui n'a pas de grands-parents et qui vient me voir. Cela me rend heureux.* »

→ **Mme L.** qui, à l'âge de 90 ans, se trouvait dans une maison de repos, me fit ce commentaire :

« *Je fais attention à ne jamais me plaindre de quoi que ce soit. Comme ça, les gens m'aiment bien, et je suis plus heureuse.* »

→ **Mme G.,** qui avait été professeur de psychologie avant sa retraite, était croyante et pratiquante. Elle partageait un appartement avec sa fille célibataire, elle-même professeur de langues dans un collège. Mme G. s'occupait maintenant du ménage.

A 86 ans, elle nous a écrit une lettre présentant son point de vue sur sa vie de femme âgée :

« A mon âge, on n'a plus besoin de se précipiter anxieusement vers un but lointain. Je suis devenue plus calme. Je revis ma vie mille fois en pensée, pleine de reconnaissance pour tous les bons moments vécus.

Je me plais plus que jamais à observer le va-et-vient des autres; la progression de chaque journée de l'aube jusqu'au crépuscule; le changement des saisons avec leurs variations de couleurs. Progressivement et tout doucement, je dis au revoir à tout cela. »

Je tiens à mentionner que cette dame qui exprimait son profond contentement s'était vu implanter un anus artificiel permanent une dizaine d'années auparavant, à la suite d'un cancer du côlon.

Facteurs défavorables à l'âge d'or

Les personnes âgées doivent s'adapter constamment à de nouvelles conditions jamais connues auparavant. Il est donc injuste de dire que les vieux sont généralement «peu souples».

N'est-il pas naturel qu'ils éprouvent le besoin de s'accrocher à tout ce qui leur paraît encore solide et immuable (leur maison, leurs possessions, leur façon de vivre), tandis que le sort exige qu'ils se plient stoïquement à tous les changements que la vieillesse leur impose?

L'âge avancé est marqué par des privations de toutes sortes dont nous allons parler maintenant.

—— Maladies des organes

Les troubles du cœur, des poumons, des reins, du foie, du cerveau et d'autres organes contribuent lourdement au taux des déficiences à cet âge; de même que les affections du système locomoteur.

Ces maladies vont d'abord refréner les activités, qui ont été une source de contentement et de fierté auparavant. Par la suite, les contacts sociaux deviennent de plus en plus rares et l'isolement progresse par degrés.

Quelques exemples

→ **Mme P., 68 ans,** souffrant d'une défaillance cardiaque, était de moins en moins capable de vaquer à ses multiples occupations. Elle avait fait partie de plusieurs associations, rendu et reçu quantité de visites, fabriqué des jouets pour les enfants de ses amis, tout en s'occupant de son ménage et de son mari. Elle soupirait :

« Je me sens maintenant comme un livre que personne ne veut plus lire. Je suis là, sur l'étagère. Si ce n'était de mon mari si dévoué, je serais toute seule. Par bonheur, il me dit qu'il a encore besoin de moi, même si je ne peux plus lui préparer ses petits plats. Sans lui, je préférerais être morte. »

→ **Mme E., 72 ans,** qui avait subi l'amputation d'une jambe, se voyait confinée à une chaise roulante. Elle déclarait qu'auparavant elle avait passé toute sa vie debout, ne s'asseyant que pour les repas.

Depuis son opération, ses amis s'étaient rapidement dispersés, s'habituant difficilement à la voir si changée. Heureusement pour elle, une place fut trouvée dans une bonne maison de retraite, où elle réussit à se refaire une vie sociale de substitution.

→ **M. B., 75 ans,** jockey dans sa jeunesse, avait passé sa vie près des chevaux. Depuis une retraite prématurée due à une arthrose des genoux, il avait trouvé un certain contentement à suivre les courses de chevaux.

Mais depuis peu, chaque pas lui causait de sévères douleurs. Il n'allait donc plus aux courses et s'était mis à boire, au désespoir de sa famille. Il avait de toute évidence perdu sa raison de vivre et refusait tout traitement. Je l'ai alors perdu de vue.

Influence de certaines maladies sur les fonctions du cerveau

Les troubles des autres organes, même si le cerveau lui-même n'est pas malade, influencent les fonctions cérébrales, souvent considérablement.

Les maladies du cœur et des poumons créent un manque d'oxygène, dont le cerveau est grand consommateur.

Donc beaucoup d'états de déclin de mémoire ou de périodes confusionnelles ont leur origine dans cet «étouffement des cellules cérébrales». Celui-ci se guérit assez facilement avec un traitement approprié qui s'adresse aux maladies des organes coupables.

Les troubles du système gastro-intestinal, des reins, du foie et d'autres organes provoquent l'intoxication des cellules cérébrales par des substances normalement éliminées ou modifiées par ces organes.

Nous pensons d'abord à la simple constipation, qui chez une personne âgée peut influencer très défavorablement la logique de ses pensées.

L'urémie et le coma hépatique sont des états qui, d'une façon plus dramatique, troublent le raisonnement. Ils ne sont pas du domaine exclusif des vieux.

Le résultat du dérèglement de ces organes sera la désorientation, l'obnubilation, la confusion des idées; l'incapacité à reconnaître la réalité, avec ou sans agitation; bref, cela peut mener à un état psychotique.

J'insiste pourtant sur le fait que ces états d'esprit sont aussi réversibles que les maladies des organes qui les causent.

Un exemple

→ Je me souviens très vivement d'une malade d'une soixantaine d'années, **Mme Y.**, qui fut accueillie à la clinique psychiatrique pour raison de confusion mentale récemment apparue.

Dès son arrivée dans notre service, les infirmières avaient observé un comportement bizarre, qui consistait surtout à se placer sous la fenêtre en disant qu'elle manquait d'air. Elle paraissait confuse et désorientée, et parlait peu.

En étudiant son dossier, j'appris que, plusieurs années auparavant, elle avait subi une opération du cœur, et qu'en apparence elle s'était bien portée depuis.

Un cardiologue fut consulté et confirma nos soupçons. Mme Y. souffrait d'une insuffisance cardiaque, réduisant l'apport d'oxygène à son cerveau. Un traitement cardiaque approprié fit très rapidement disparaître ses symptômes psychiatriques, lui permettant de rentrer chez elle.

D'autres maladies qui troublent les opérations complexes du cerveau

Le fonctionnement déréglé des glandes endocrines : de la glande thyroïde, du pancréas, de la glande surrénale et d'autres, peut être une autre source de détérioration mentale due à une maladie « organique ».

Les exemples ne manquent pas, mais les citer dépasserait le cadre de ce chapitre.

Mentionnons en passant que la distinction artificielle entre « corps » et « esprit » devient plus incertaine à l'âge avancé.

N'importe quel dérèglement «purement physique» peut entraîner des troubles psychologiques, parfois graves. Notons parmi d'autres la fièvre, une anesthésie, la fracture d'un os, et quantité d'autres.

Influence des substances toxiques

Ces substances jouent un très grand rôle, souvent méconnu, dans l'origine des perturbations mentales au troisième âge.

L'alcool ainsi que des médicaments de toutes sortes, pris à de trop fortes doses, en sont les premiers coupables. Il faut se rappeler que l'organisme vieillissant, dont le métabolisme est ralenti, perd la capacité d'éliminer rapidement le superflu. Les effets de ces substances sont donc augmentés ainsi que prolongés. L'alcootest démontre une rétention plus prolongée de l'alcool dans le sang à cet âge. Attention!

Rappelons-nous aussi que l'arrêt subit de la prise de médicaments, aussi bien que d'alcool, tend à produire des symptômes, parfois graves. L'organisme, s'étant habitué à recevoir ces substances et se sentant soudainement sevré, réagit par des perturbations.

L'exemple le plus flagrant en est un «délire de sevrage», dont une forme atténuée est très souvent observable chez les vieux. Qui n'a pas vu une personne âgée (ou même plus jeune) devenir fort agitée après une nuit sans son somnifère habituel? Cette agitation n'est pas nécessairement la preuve que la personne a «absolument besoin» de son calmant, mais plutôt qu'elle l'a pris depuis longtemps et souffre maintenant d'un syndrome de sevrage.

N'oublions pas que le cerveau, en vieillissant, est beaucoup plus sensible aux changements de son milieu chimique; ainsi, des variations qui paraissent minimes peuvent entraîner des résultats frappants.

— Maladies du cerveau lui-même

Nous avons parlé de ces influences défavorables au fonctionnement normal du cerveau, qui proviennent de troubles variés du corps. Mais les maladies qui frappent plus directement cet organe précieux sont souvent plus dramatiques.

Pensons à « l'attaque cérébrale », due à une hémorragie ou une thrombose; aux traumatismes de tout genre; aux maladies infectieuses (méningite, encéphalite et autres); aux tumeurs (primaires ou secondaires), plus fréquentes à l'âge avancé; à la maladie de Parkinson, peut-être due à la pollution accumulée à travers une longue vie; et enfin à la maladie d'Alzheimer, tant discutée de nos jours.

Nous en passons d'autres, moins fréquentes.

Les exemples sont nombreux, très nombreux même, et généralement bien connus. Ils appartiennent tout autant au domaine médical que psychiatrique. Je ne vais donc pas m'attarder sur leur description.

— Maladies des organes des sens

Jusqu'ici, nous n'avons pas encore mentionné les organes des sens, fort fragiles de nature, soit la vue, l'ouïe, le goût, l'odorat et le toucher.

L'œil est l'organe le plus imparfait de l'organisme. (Notez combien d'entre nous portent des lunettes.) L'oreille le suit d'assez près. Il n'est donc pas étonnant que la vue et l'ouïe soient souvent affectées tôt par le déclin dû à l'âge.

Je voudrais parler surtout de ces deux sens parce qu'ils sont essentiels pour la communication interpersonnelle.

Nous mentionnerons toutefois le sens du toucher pour son énorme importance quand la vue ou l'ouïe sont défectueuses. Une approche « tactile », exprimant la sympathie, peut quelquefois changer le désespoir en bonheur. J'en parlerai davantage plus loin.

Mais arrêtons-nous un moment, et réfléchissons à l'immensité du nombre d'informations que nous recevons par l'intermédiaire de nos yeux et de nos oreilles. C'est par là que nous apercevons presque tout ce qui se passe autour de nous.

Considérons une personne (ce pourrait être nous-même), qui a l'habitude de lire le journal ou d'écouter les informations tous les jours. Si elle est privée de ce droit, c'est une perte énorme; car non seulement elle est privée de toute l'information concernant les événements qui se déroulent autour d'elle, mais aussi d'une source considérable de distractions et de satisfactions.

Des expériences semblables sont vécues par grand nombre de personnes âgées.

Un exemple

→ **M. D., à 75 ans,** était devenu sourd, ainsi que sa femme. Ils ne pouvaient communiquer que par gestes et par de petites notes qu'ils échangeaient, leurs vieilles habitudes aidant.

Une vraie communication de couple, avec sa part de remarques banales, sans grande importance apparente, avait cessé. L'échange de ces petits mots affectueux, qui auraient soutenu le moral, n'était plus possible.

M. et Mme D. étaient devenus irritables et aigris; leurs enfants n'éprouvaient plus de plaisir à aller les voir, découragés par cette atmosphère chargée de tension. Les visites se faisaient plus rares.

Nous ne serons donc pas surpris d'apprendre que ce malheureux couple était de plus en plus déprimé. M. D. commença à exprimer la conviction que sa femme lui préférait un homme qui habitait un appartement voisin, ajoutant: « *Peut-être n'a-t-elle jamais été fidèle. Je ne sais pas, et il est trop tard maintenant pour le découvrir. De toute façon, je sais qu'elle couche avec cet homme. Ce n'est plus une vie pour moi.* »

La situation se détériora progressivement, et il fallut accueillir le couple dans une maison de « repos », en chambres séparées.

Triste fin d'une vie autrefois satisfaisante, causée par la détérioration d'un organe des sens.

Sans doute connaissez-vous des exemples semblables. Je ne vais donc pas m'attarder sur ce sujet tragique.

Déclin de la rapidité

La rapidité est une faculté universellement affectée par l'âge.

Non seulement l'activité physique est presque toujours ralentie (hormis les états d'agitation nerveuse où il y a accélération de mouvements avec but peu déterminé); mais le taux de compréhension et d'expression de la pensée, ainsi que le processus de réflexion lui-même, se font plus lents.

La personne âgée dira, même si elle entend bien: « *Répétez, s'il vous plaît* ». Elle s'exprime souvent lentement.

Il ne faut cependant pas confondre ce déclin de vitesse avec une baisse de l'intelligence. Si nous permettons à une personne âgée de « prendre tout son temps », d'avoir le loisir de réfléchir, elle nous fournira souvent unc richesse inattendue de données.

Certaines frustrations causées par cette lenteur pourraient sans doute être évitées, si des services publics les prenaient davantage en considération.

Pour parler seulement de la télévision, les gens privés de l'ouïe disposent aujourd'hui (fort heureusement) de certains programmes sous-titrés en langage de signes; alors que pour le nombre toujours croissant de personnes âgées, il n'existe pas de programme à allure ralentie.

Beaucoup de vieux, bien préservés intellectuellement, s'en plaignent et nous assurent qu'ils ont dû abandonner leurs programmes favoris.

« Cela va beaucoup trop vite, je ne peux plus suivre. Quel dommage! »

—— La mémoire

Cette fonction si importante a tendance à décliner avec l'âge. En réalité cependant, la fonction la plus touchée est une fois de plus la rapidité, la vitesse à laquelle les souvenirs peuvent être évoqués.

Si vous donnez le temps de réflexion à une personne âgée, elle vous surprendra souvent par les détails minutieux qu'elle se rappelle. Des vieux diront: *« Je ne trouve plus mes mots assez vite, c'est agaçant »,* plutôt que de se plaindre de ne pas se souvenir.

La mémoire est une fonction compliquée et capricieuse. Les experts ont dit que pour la garder fraîche et compétente, il est important de pouvoir oublier. Ceci paraît paradoxal à première vue; mais n'est-il pas vrai que dans un tiroir où nous avons collectionné tous les petits objets du passé, nous aurons du mal à retrouver ce que nous cherchons? Pour pouvoir se rappeler l'essentiel, il faut d'abord avoir éliminé le superflu, autrement dit: avoir oublié.

Si toutefois la mémoire se perd sérieusement, à la suite de maladies aiguës ou chroniques, qui ont directement ou indirectement affligé le cerveau, elle est presque toujours perdue d'une façon globale. Le malade ne se souvient de rien, pas même de ses proches. Alors une vraie communication devient impossible. Une tragédie.

L'attention est souvent attirée sur le fait que les vieux se souviennent plus facilement du passé lointain que d'événements récents. Ceci provient sans doute, tout au moins en partie, de ce que les faits marquants ont été passés en revue maintes fois déjà; peut-être vérifiés par des photos, des lettres bien préservées et relues, un journal personnel. Les événements du passé récent par contre n'auront pas eu le temps de se consolider de telle sorte.

Un autre phénomène intéressant est le fait que des expériences émotionnelles tendent à être retenues bien plus longtemps que d'autres. Elles sont pourvues d'une importance toute particulière et pénètrent profondément dans l'esprit, ne le quittant jamais, à moins d'une destruction presque totale de certaines parties du cerveau.

Témoin cette observation des anciens citée dans un livre de contes.

Au moment de marquer une limite de propriété, le père avait mené son fils sur le champ à borner. Il indiqua alors un arbre ou rocher comme point de repère. A ce moment précis, il ajouta le facteur émotionnel... sous forme d'une gifle-surprise. La juste colère du jeune homme qui en résulta, augmenta encore l'émotion. La limite fut retenue pour toujours.

—— La réaction catastrophique

C'est une façon toute particulière de réagir quand une personne craint de ne pas être à la hauteur d'une tâche à laquelle elle doit faire face (« *catastrophic reaction* » chez les Américains).

Le sujet devient agité, énervé, se trouble, « perd pied ». Comme chez les personnes âgées, ce phénomène peut se produire aussi chez les jeunes, mais on ne le désigne alors pas de ce nom particulier.

Au cours d'un examen, d'une conférence à donner, ou en présence d'une personne de grande importance, nous souffrons facilement de l'impression d'avoir tout oublié, de ne pouvoir plus penser; nous nous sentons peut-être catastrophés. Nous avons, hélas, tous connu de tels moments.

La « réaction catastrophique », chez les vieux, se produit également à des moments de stress.

Des situations menant facilement à la panique à cet âge peuvent être un objet perdu, un chemisier qui ne veut pas se laisser boutonner, une invitation à se dépêcher, ou une question posée dont on ne connaît pas la réponse.

La personne devient agitée, confuse, parfois pleurnicharde et incapable d'agir d'une manière sensée.

Il est alors important de reconnaître ce comportement pour ce qu'il est. Une réaction transitoire à un stress accablant. Le remède est simple. Donner le temps de se calmer, de réfléchir; rassurer avec conviction. Et tout rentrera dans l'ordre.

—— Démence sénile

C'est le point final où aboutissent les maladies graves du cerveau. Nous savons maintenant qu'il n'existe probablement pas de « démence sénile » sans maladie spécifique sous-jacente, et il incombe au médecin de faire un diagnostic précis dans chaque cas, en vue de déceler des conditions réversibles.

→ Je me souviendrai toujours d'un malade d'une soixantaine d'années, **M. A.,** qui me fut adressé par un médecin, directeur d'une maison de retraite.

M. A. avait été considéré comme souffrant de la maladie d'Alzheimer (démence sénile commençant assez tôt dans la vie) et avait passé deux années dans une maison de retraite spécialisée, parmi des malades souffrant de démence. L'équipe soignante s'était toutefois aperçue que M. A. montrait des signes d'amélioration, contrastant avec son état initial de stupeur.

Arrivé dans mon cabinet, il se montra capable de donner un compte rendu de sa vie, marqué toutefois de lacunes et de contradictions. Après plus de deux heures d'efforts mutuels, une histoire assez cohérente émergea.

Suivant l'exemple de sa mère, il avait commencé à boire à l'âge de 14 ans et en même temps avait quitté l'école. Au fil des années, étant engagé dans des métiers divers, il avait augmenté sa consommation éthylique et en était arrivé à ingurgiter un litre de rhum par jour. Petit à petit, son cerveau devait en être saturé, mais de cela M. A. n'était nullement conscient.

Les documents de la maison de retraite où on l'avait accueilli à l'âge de 58 ans décrivaient sa maladie comme portant tous les symptômes de démence grave et irréversible.

Au bout de deux ans, son état s'était amélioré, et grâce au fait qu'il était maintenant capable de se souvenir de certains faits de sa vie précédente, le diagnostic d'une maladie autre que de la démence progressive s'imposait. Il devenait de plus en plus évident que M. A. avait souffert d'une « démence alcoolique », maladie essentiellement guérissable, si elle n'est pas à un stade trop avancé.

M. A. fut donc traité, surtout par une rééducation intensive et une prescription de vitamines à fortes doses.

Ce fut une joie pour tous ceux qui le connaissaient de le voir quitter la maison de retraite et de trouver une occupation à son goût qui, me rassura-t-il, était fort rémunératrice. Il s'était mis à ramasser des objets d'occasion par-ci par-là et à les revendre sur les marchés aux puces.

Cette situation est présentée comme un cas de pseudo-démence, c'est-à-dire d'une démence guérissable. Il importe de toujours être à l'affût pour déceler ce genre de cas.

Beaucoup plus souvent toutefois, c'est la *dépression* qui se présente sous forme de pseudo-démence, et certains malades dépressifs, placés en maison de retraite, sont considérés comme souffrant de démence. Nous en parlerons davantage en discutant les dépressions à cet âge.

Revenons aux états de démence sénile qui jusqu'à présent ne sont pas guérissables.

C'est l'état ultime où le cerveau fonctionne mal, où beaucoup d'activités du malade deviennent insensées et chaotiques en apparence. Les fonctions les plus sévèrement affectées sont le sens de l'orientation dans le temps et dans l'espace, la mémoire, la compréhension, le jugement et l'humeur.

Ces deux derniers sont généralement les premiers signes détectés par la famille, au début si subtils qu'un examen superficiel ne les détecte pas. Le malade se trompe par exemple sur un nom et insiste, disant qu'il a raison. Il s'habille d'une manière inappropriée pour la circonstance, raconte des plaisanteries douteuses, manque de politesse là où autrefois il se serait comporté correctement.

Il a des sautes d'humeur inhabituelles et se montre bien moins affectueux que d'habitude.

Peut-être devient-il morose et taciturne, car à ce stade initial il se rend bien compte qu'il ne fonctionne pas « comme il faut ». Il souffre sans doute aussi d'un degré de dépression.

La faculté de l'orientation montre une grande variabilité, même chez les jeunes, et diminue toujours quand il y a démence. Les malades, croyant aller à leur chambre, vont dans une direction opposée et, plus tard, ne savent pas où ils se trouvent. Ils se trompent facilement d'année, de mois, de semaine, de jour ou d'heure, et ceci augmente grandement leur détresse.

La mémoire est toujours affectée, et nous en avons dit quelques mots plus haut.

Quant à la compréhension, mention a été faite qu'elle est toujours ralentie à cet âge. S'il y a démence, cette faculté diminue considérablement, de telle sorte que le malade vous regarde avec stupéfaction quand vous lui parlez, et s'il est à même de comprendre, ce n'est qu'après plusieurs répétitions.

Comme nous l'avons vu, la démence sénile est le point final où les maladies sévères du cerveau aboutissent. Répétons que la plupart des scientifiques supposent maintenant que cette forme de démence n'existe pas sans maladie spécifique sous-jacente.

En revanche, le déclin graduel qui vient avec le vieillissement de toutes les cellules, y compris celles du cerveau, est tout autre chose et n'aboutit pas à la démence sévère, sauf s'il y a maladie supplémentaire.

Cette détérioration lente est normale, mais n'est pas pour autant acceptée facilement. Elle amène souvent des changements d'humeur dont nous parlerons maintenant.

—— Vie émotionnelle

Le fait de vieillir a en lui-même un impact majeur sur les émotions, et toutes les altérations subies ne peuvent pas manquer d'influencer celles-ci défavorablement.

Il a été dit que *« la vieillesse n'est pas faite pour les petites natures »*. Les personnes émotionnellement fragiles en trouveront les effets d'autant plus pénibles.

Résumons encore quelques-uns des facteurs défavorables à ce stade de la vie, aptes à influencer négativement l'humeur.

Nous avons parlé des changements d'ordre physique, avec toutes ses ramifications, rendant la communication avec autrui de plus en plus difficile.

La faiblesse, la fatigue, les réactions ralenties, la vue ou l'ouïe diminuées ne facilitent pas le rapport avec l'entourage.

Par nécessité, les vieux tendent à être centrés sur eux-mêmes. Ne sont-ils pas souvent les seuls à s'occuper d'eux?

Ils deviennent obstinés dans un effort de pouvoir garder un peu d'autonomie. Ils s'impatientent facilement, parce qu'ils arrivent rarement à accomplir exactement ce qu'ils ont envisagé de faire.

Ils sont moins attrayants physiquement, moins intéressants dans une conversation.

Bref, ils ont changé, et leurs proches s'en plaignent.

Leur vie sociale, qui sans doute avait commencé à diminuer au moment de la retraite, devient de plus en plus restreinte. Les visites se font plus rares, et les amis de longue date, qui allaient et venaient encore, sont tombés malades ou ont disparu.

Avec le passage du temps, il y aura aussi eu des tragédies touchant la famille, comme des divorces, des maladies graves, des décès ou simplement de grands désappointements.

Tout cela pèse doublement lourd sur une personne âgée et déjà affaiblie.

Le fait que les familles soient moins unies que dans le passé, et qu'il y ait moins de stabilité dans l'ordre des valeurs, n'est pas un secret. En plus, la rapidité de la succession des événements laisse moins de temps pour le maintien des relations affectueuses. Tout le monde en souffre, mais indubitablement ce sont les vieux qui en sont les plus affectés.

Ceci nous amène à parler de la maladie émotionnelle de loin la plus fréquente à l'âge avancé.

La dépression

Au-delà de 65 à 70 ans, la dépression s'établit plus souvent et dure généralement plus longtemps que chez les plus jeunes. Elle tend à être plus sévère, et il y a grand danger de suicide.

Nous avons déjà mentionné quelques causes de ce phénomène mais il y en a d'autres, puisque des facteurs biochimiques jouent un rôle ici. De même qu'il y a diminution insidieuse et progressive de tant d'autres attributs physiques dont profite la jeunesse, des substances du cerveau essentielles au maintien d'une sensation de bien-être (certaines neuroamines) tendent à diminuer avec l'âge, et une humeur dépressive s'établit plus facilement.

Des symptômes

La dépression chez les vieux est plus difficile à reconnaître qu'à aucun autre âge (exception faite des enfants).

Rappelons-nous d'abord des symptômes classiques qui ont été détaillés dans le chapitre sur les dépressions.

Il peut y avoir insomnie, manque d'appétit avec chute de poids souvent considérable. Le malade perd le respect de soi et est hanté de sentiments de culpabilité. Il ne voit plus aucun sens à continuer sa vie et nourrit des idées ou forme même des plans de suicide.

Si la dépression progresse jusqu'à l'état psychotique où le malade perd le sens de la réalité, il exprime des idées délirantes, dépourvues de sens logique.

Tout ceci ne diffère pas essentiellement des dépressions chez les plus jeunes, décrites dans le chapitre correspondant.

Par surcroît, il y a la « dépression souriante », bien plus fréquente chez les personnes âgées que chez les jeunes, où un découragement profond se cache sous un sourire presque constant. Une écoute attentive est alors de rigueur pour reconnaître la dépression sous-jacente.

Tout aussi souvent, l'état de désespoir est dissimulé sous des plaintes de malaises physiques, des symptômes d'anxiété, d'irritabilité ou même des crises de colère.

Une agitation impressionnante, avec mouvements constants sans but apparent, peut frapper à première vue et poser des problèmes de diagnostic.

Des exemples

→ Une dame de 72 ans, épuisée par des mouvements constants et bizarres, qui donnaient l'impression d'une maladie neurologique sévère, fut accueillie dans un service. Elle parlait à peine, ne souriait jamais et acceptait seulement des aliments liquides.

Après un temps d'observation soutenue, le psychiatre pensa qu'elle souffrait d'une « dépression agitée ».

Elle fut donc traitée à l'aide de médicaments antidépresseurs.

Au bout de trois semaines, ses mouvements constants s'étaient arrêtés, elle acceptait davantage de nourriture et son humeur sévèrement dépressive s'améliorait.

→ A l'âge de 69 ans, ayant récemment pris sa retraite, un monsieur se plaignait amèrement de douleurs constantes dans les jambes et d'un besoin de les remuer sans cesse. Il se lamentait :

« J'ai perdu le goût de la vie à cause de ces maudites jambes. Je n'ai même plus envie de me lever le matin. Mon existence est peut-être arrivée à sa fin. »

Un traitement antidépresseur soulagea le désespoir de cet homme, ainsi que les douleurs et les mouvements incessants de ses jambes.

La dépression en forme de pseudo-démence

Toute personne âgée court le risque d'être considérée comme souffrant de démence si, sous le poids d'une dépression, elle manifeste certains symptômes, sans mentionner sa détresse.

Une des présentations classiques de la pseudo-démence qui cache une dépression serait la suivante : le malade se replie sur lui-même, perd tout intérêt pour son entourage, a des difficultés de concentration et de mémoire, parle de moins en moins ou paraît confus ou agité.

Il importe de penser à la dépression quand une personne âgée manifeste des symptômes comme décrits ci-dessus. Le traitement doit donc se faire en clinique psychiatrique plutôt qu'en maison de repos. Alors il y a grand espoir de guérison, ou tout au moins d'amélioration considérable.

Mentionnons aussi que le diagnostic devient parfois très difficile, si un degré de démence et de dépression coexiste, ce qui n'est pas rare.

Traitement

Celui-ci est semblable au traitement des dépressions à un âge moins avancé. Ici, le médecin doit être doté d'une écoute particulièrement attentive, d'une grande compassion et d'une bonne mesure de patience avec ces malades souvent très ralentis, accablés par leurs idées de péchés commis, et visiblement désespérés.

Les médicaments antidépresseurs sont essentiellement les mêmes que pour les plus jeunes, mais utilisés avec prudence, vu leurs effets secondaires plus dangereux chez les vieux.

Un certain nombre de gériatres et de psychiatres ayant une expérience étendue en traitement de personnes âgées, sont arrivés à la conclusion qu'à cet âge le traitement par électrochoc comporte souvent moins de risques que les médicaments. En même temps, il est plus rapidement efficace. Grâce à cette méthode appliquée sous anesthésie, bien des vies ont été sauvées.

Autres maladies émotionnelles

Celles-ci représentent presque toujours une continuation ou une récidive d'un désordre qui existait auparavant.

Il y a les névroses, les troubles de la personnalité, la maladie maniaco-dépressive, la schizophrénie sous ses diverses formes, ainsi que d'autres.

Parfois ces désordres s'aggravent avec l'âge, mais ce n'est pas du tout la règle. Il est autant ou même plus de personnes qui deviennent plus douces et plus tolérantes avec le temps.

L'usage de médicaments

Les médicaments, qu'ils soient stimulants, calmants, tranquillisants majeurs ou autres, sont préférablement administrés aux personnes âgées en doses relativement faibles. Lorsqu'ils sont utilisés judicieusement, ils peuvent être d'une grande aide. Leur choix, pour cet âge, demande une sensibilité et une expérience toutes spéciales, et il importe plus qu'ailleurs d'observer patiemment et de varier fréquemment les doses à mesure des changements constants des circonstances.

L'approche psychologique envers les vieux

En discutant des privations imposées aux personnes âgées par la perte de l'ouïe ou de la vue, nous parlions de la valeur du sens du toucher. Précisons.

Si nous plaçons notre main sur ou dans celle d'une vieille personne, nous sentons son contentement, souvent profond; ceci même si elle n'est pas privée d'aucun de ses sens. Le toucher a une puissance toute spéciale, et il importe de s'en servir. En touchant la main d'un autre, nous exprimons beaucoup : un rapprochement, une affinité, une union; combien précieux pour une vieille personne qui se sent seule.

L'attitude des proches envers les vieux, exprimée par les mots ou par les gestes, est donc d'une importance majeure.

Un but important est toujours de maintenir ou, plus souvent, d'augmenter le sentiment de confiance chez la personne âgée. C'est la meilleure façon de prévenir la dépression. Aucun autre facteur ne peut être plus important.

Dans les maisons de repos où le désœuvrement des résidents est un grand problème, les occupations organisées de toutes sortes peuvent aider (visites de musées, sorties en autobus et beaucoup d'autres).

Mais il y a plus. Les témoignages ont clairement démontré que le désir des personnes âgées d'être encore utiles l'emporte souvent sur tous les autres. Il s'agit donc de les aider à contribuer en quelque sorte à la vie de la communauté. Inutile d'énumérer les multiples possibilités, adaptées dans chaque cas à l'état de santé de la personne âgée elle-même.

Où que cette personne se trouve, une attitude bienveillante se manifeste de mille petites façons :

— Souligner avec sincérité les attributs positifs (quels qu'ils soient).

— Exprimer du respect pour les accomplissements présents et passés.

Une question comme *« Que faisiez-vous quand vous étiez encore charpentier? »* pourrait être perçue comme blessante si le vieux monsieur a dû se retirer de la vie active, alors qu'il fait encore de belles choses en bricolant. Dire au contraire *« J'aimerais bien voir ce que vous faites dans votre atelier en ce moment »* serait une note d'encouragement.

— Peu d'attitudes valorisent une personne âgée autant que lui demander son avis, même sur quelque chose de peu d'importance en apparence, outre que nous pouvons beaucoup enrichir nos connaissances du monde, si nous pensons à nous renseigner auprès des vieux sur leurs expériences.

— J'ai vécu une heure tout à fait touchante lorsqu'une classe de jeunes de 16 ans, invitée à visiter une maison de retraite, fut encouragée à demander tout ce qui les intéressait. Des questions telles que *« Comment avez-vous réussi à survivre à deux guerres? »* ou *« A quel âge avez-vous eu le droit de rencontrer des amis d'un autre sexe? »* ou encore *« Quel métier prendriez-vous si vous pouviez recommencer? »* ont été parmi les plus fréquentes. L'enthousiasme des vieux et la franchise de leurs réponses étaient remarquables.

— Pour des raisons semblables, l'installation de garderies d'enfants à proximité de maisons de retraite, avec échange fréquent de visites, doit être fortement encouragée.

— L'organisation de personnes (bénévoles ou autres) qui seraient prêtes à rendre visite aux personnes âgées, à domicile ou dans une résidence, pourrait être établie sur une plus large échelle. J'ai vu des personnes de tous âges, même des lycéens, apporter une joie incalculable par leurs visites hebdomadaires. Le bénéfice qu'ils en tiraient eux-mêmes se voyait à leur expression : ils se sentaient engagés et en tiraient de la fierté.

— Il va de soi que la valeur des visites régulières faites par *les proches* dépasse celle des autres; mais la qualité de ces visites est sans aucun doute encore plus importante que leur fréquence. En plus, il paraît essentiel qu'il y ait une certaine régularité; quelque chose sur quoi la personne âgée puisse compter, qui donne un rythme à sa vie autrement si monotone. Pouvoir prévoir une visite précieuse tous les mois est plus apprécié que des «visites surprises» à des intervalles irréguliers.

Il suffit de négocier avec la personne âgée, sans se laisser décourager par sa tendance à se montrer difficile à satisfaire et souvent prête à se plaindre. Les vieux sont conscients d'avoir tant perdu et savent qu'ils perdront encore. Parfois ils en deviennent aigris. Il s'agit de mobiliser toute la patience dont nous disposons.

— Les familles

Ceci nous mène à parler des familles de personnes âgées, qui sont parfois tristement éprouvées par les multiples difficultés. Elles peuvent souffrir d'un sens profond de culpabilité, souvent injustifié.

Si elles gardent la personne âgée dans leur foyer, il y a danger que les autres membres de la famille soient négligés, la personne âgée ayant peut-être besoin de beaucoup de soins.

Si par contre une maison de repos paraît la seule solution possible, le responsable de cette décision se culpabilise souvent outre mesure, surtout si la personne âgée répète qu'elle ne désire rien d'autre que de rentrer chez elle.

Ce dilemme a troublé la vie de bon nombre de jeunes (ou même de moins jeunes) ménages.

Dans certaines grandes villes, des personnes devant faire face à de tels problèmes se sont groupées en vue de soutien mutuel. Ces groupes se rencontrent régulièrement et échangent leurs expériences. De telles organisations méritent d'être vivement encouragées, même dans des centres plus petits; car les problèmes dont nous avons parlé ne sont pas rares.

Le côté économique de « l'âge d'or »

Il y a encore une autre façon de fortifier le moral autant que la confiance des vieux, quels qu'ils soient et où qu'ils se trouvent : c'est de souligner leur juste valeur sur le plan économique.

S'entendre dire que les vieux épuisent l'économie du pays, qu'ils profitent de ce que les autres gagnent, et qu'ils sont des parasites qui vivent sur les efforts des jeunes peut créer une profonde blessure, tout en étant loin de la vérité.

Un assez large secteur de la population âgée a fait des économies suffisantes pour subvenir à ses besoins jusqu'à la fin. Après cela, leur héritage aide encore à compléter les besoins de leurs proches. Si quelques-uns se voient obligés d'exister grâce aux allocations, ils y auront, à quelques exceptions près, contribué pendant leur vie active, et l'Etat aura largement profité de ces contributions. Un échange d'idées avec des économistes sérieux m'a aidée à confirmer mes vues à ce sujet.

N'adressons pas un message cruel autant qu'injustifié aux vieux : *« Non seulement vous ne servez plus à rien, mais en plus vous nous privez de beaucoup de choses. »*

C'est une invitation au suicide. Est-ce vraiment ce que nous désirons ?

Négligences et crimes envers les vieux

Mentionnons aussi qu'il y a parfois de la cruauté physique envers les vieux, sous forme de négligence (sans doute très fréquente) ou même par abus plus direct, au moyen de coups ou blessures. Il va sans dire que ces méfaits ne sont pas toujours faciles à détecter ou à prouver; c'est un dilemme comparable à celui de l'abus envers les enfants.

Soyons alertés; et rappelons-nous que la plupart d'entre nous allons sans doute vivre vieux. La manière dont nous approchons nos anciens aujourd'hui est un exemple pour ceux qui nous suivent.

Réponse à la question initiale

> ***« Maintenant que j'ai 70 ans, Docteur, allez-vous me négliger? Etes-vous de ceux qui voient la vieillesse comme une maladie mortelle, où il n'y a plus rien à faire? »***

Vos craintes ne sont pas sans fondement. L'attitude générale envers les personnes âgées n'est pas toujours empreinte de sympathie. Il faudra choisir un médecin qui voit ses patients comme des êtres de valeur, quel que soit leur âge.

L'alcoolisme

« Ma mère est alcoolique. Vais-je devenir comme elle ? »

Généralités

C'est avec hésitation que je commence ce chapitre, vu le grand volume de publications sur ce sujet.

Et pourtant, l'abus de l'alcool joue un si grand rôle dans la vie de tous les jours et dans tant d'afflictions psychiatriques, que de ne pas en discuter ici serait une négligence.

Nous connaissons tous la bonne ambiance que l'alcool, bu avec modération, peut créer dans beaucoup de situations sociales. Ceci n'a rien à voir avec l'alcoolisme.

Nous connaissons sans doute aussi l'atmosphère néfaste que l'abus de l'alcool peut produire. Inutile d'en décrire les détails.

Mentionnons en passant que dans le texte de ce chapitre nous désignerons l'alcoolique parfois de « malade ». C'est pour des raisons de convenance seulement, sans vouloir indiquer un diagnostic.

—— Définitions de l'alcoolisme

Il y en a un grand nombre; voici trois façons de décrire ce qui est considéré comme représentant l'alcoolisme.

— L'absorption d'alcool qui excède la consommation alimentaire traditionnelle et courante, ou qui dépasse le cadre des habitudes sociales.

— L'abus de boissons alcoolisées entraînant des troubles physiologiques.

— L'incapacité à refuser le deuxième verre.

Effets de la consommation abusive d'alcool

— Troubles physiques

Parlons brièvement de quelques troubles physiques dus à l'alcool. Les médecins en ont bien conscience, vu que plus de la moitié de toutes les analyses de laboratoire visent leur détection.

Nous n'allons pas en donner une énumération ici, sauf pour rappeler que quelques-unes de ces affections sont de nature neurologique. Les convulsions alcooliques en sont peut-être les plus dramatiques et se produisent un ou plusieurs jours après un enivrement aigu chez un alcoolique chronique.

— Troubles intellectuels

Ceux-ci sont d'abord subtils, touchant surtout la mémoire et la faculté de l'attention et mènent progressivement à un déclin général de compétence. Beaucoup d'alcooliques réussissent toutefois à préserver longtemps un bon niveau de fonctionnement intellectuel.

Le « trou de mémoire » est un phénomène spécial qui affecte certains alcooliques seulement. Après avoir bu, parfois modérément, ils ne se rappellent aucun événement vécu pendant des heures ou durant une journée entière. Pendant ce temps, en apparence, ils se sont pourtant comportés normalement. Si le lendemain on leur parle de ces événements, il n'y en a pas trace dans leur mémoire, et l'alcoolique en est fort perturbé.

Une de mes patientes alcooliques remarqua: *« J'ai perdu toute une journée de ma vie. C'est comme si je ne l'avais jamais vécue. C'est bouleversant. »*

Troubles psychologiques et sociaux

Les autres effets, surtout psychologiques et sociaux, sont tout aussi bien connus et affectent l'alcoolique lui-même, ainsi que ses proches et tous ceux avec lesquels il entre en contact.

Ces changements du comportement sont souvent subtils, tout en pesant lourdement sur les proches: les sautes d'humeur sans cause apparente; l'irritabilité; les promesses sans suite; les reproches injustifiés; les crises de colère ou attaques de jalousie; l'émotivité exagérée.

Puis il y a la dépression qui prend une allure spéciale, parfois querelleuse ou pleurnicharde.

Souvent, il y a absentéisme au travail, surtout les lundis ou les autres jours qui suivent les fêtes. Un manque du sens de responsabilité se manifeste parfois dans tous les domaines.

D'autres manifestations, plus dramatiques, sont les accidents de voiture, souvent mortels; violence et homicides; suicides; arrestations et emprisonnements; aberrations sexuelles et autres.

Inutile de mentionner leurs effets néfastes.

Ajoutons toutefois qu'il y a des alcooliques, surtout s'ils vivent seuls, qui ne causent pas de dommage aux autres. Ce sont ceux qui s'enferment tous les soirs et boivent jusqu'à l'état éthylique. Leur fonctionnement le lendemain peut paraître normal, tant que l'éthylisme n'est pas trop avancé.

Nature et origines de l'éthylisme

Les chercheurs ont tâché de déceler des caractéristiques communes à tous les alcooliques, mais sans succès.

Les uns considèrent l'alcoolisme comme une maladie; les autres le voient semblable ou même identique aux toxicomanies et le désignent comme une alcoolomanie.

D'autres se demandent si l'alcoolisme provient d'un trouble de la personnalité, ou s'il est comparable à une névrose?

Pourrait-il représenter une affliction héréditaire, due à une altération de chromosomes, ou au contraire être la conséquence de traumatismes pendant l'enfance?

Représenterait-il simplement un comportement erroné, peut-être dans le but de vaincre une timidité écrasante, pouvoir se donner une allure ou de se permettre de «se défouler»?

Pourquoi l'alcoolisme est-il plus répandu dans certaines professions? Est-ce donc le milieu social qui le provoque, ou ces occupations sont-elles choisies pour «excuser» la boisson?

Ces questions n'ont pas encore trouvé de réponse satisfaisante. Il est probable que chaque alcoolique doit être considéré individuellement, et que dans chaque cas plusieurs facteurs jouent pour aboutir à l'alcoolisme.

Avant de continuer, décrivons une situation qui peut expliquer les difficultés que nous venons de mentionner.

Exemple

→ **M. B., 48 ans,** était vendeur dans une agence d'automobiles. Son père avait été agent d'assurances, buvant à l'excès *« depuis toujours »*, d'après son fils.

Il avait causé beaucoup de détresse à sa famille et était mort d'une intoxication alcoolique aiguë.

M. B. lui-même avait progressivement augmenté sa consommation d'alcool, au point que sa femme le considérait comme alcoolique, tandis que lui-même se voyait comme *un petit buveur* seulement. Il nous questionnait cependant : *« Vais-je devenir comme mon père ? »*

Cette question demandait beaucoup de réflexion avant que je puisse y répondre.

Son père avait été alcoolique; M. B. souffrait-il d'une maladie héréditaire ?

Une des personnes les plus significatives dans sa vie s'était avérée éthylique. Lui avait-elle servi de modèle ?

Son père avait maltraité la famille. M. B. souffrait-il de traumatismes de prime enfance ?

M. B. avait une occupation, comme son père d'ailleurs, qui traditionnellement entraîne la consommation de boissons alcooliques en vue de conclure une transaction. Son alcoolisme avait-il donc des fondements sociaux ?

M. B. était timide de nature, mais se voyait dans l'obligation de prendre une attitude assurée, donnant confiance, pour affronter les clients. Buvait-il pour se donner de l'aplomb ?

Il fallait donc considérer grand nombre d'éléments avant de pouvoir conseiller M. B.

Il convenait de se rappeler aussi que pour quelque raison que ce soit, les enfants d'alcooliques (d'après les statistiques) risquent davantage que la moyenne de devenir alcooliques.

M. B. avait donc grand nombre de « raisons » possibles pour tomber dans le piège des habitudes de son père.

Sans trop me préoccuper des hypothèses en vigueur, je lui affirmai donc qu'il était en effet en danger, et que seulement une forte détermination de sa part pourrait prévenir un sort semblable à celui de son père.

Cet exemple est évoqué pour indiquer la complexité du problème quant à la détermination des causes d'un cas individuel d'alcoolisme; mais aussi, tristement, la relative simplicité du pronostic.

Alcoolisme et maladies psychiatriques

L'association de l'alcoolisme avec certaines maladies psychiatriques est suffisamment fréquente pour être mentionnée ici.

Ce jumelage se produit de différentes façons.

— L'alcool peut *causer* ces maladies

L'effet de l'alcool sur les fonctions du cerveau entraîne un déséquilibre chimique dont nous allons décrire les conséquences.

— L'intoxication aiguë par un excès d'alcool (état d'ivresse) est fréquente et généralement passagère, l'équilibre des fonctions cérébrales étant rétabli rapidement sans traces apparentes.

— L'intoxication répétitive, au contraire, laisse des empreintes, d'intensité et de nature très variées.

— Si l'alcoolisme devient chronique, il y a détérioration progressive des cellules du cortex cérébral avec effets néfastes. Nous connaissons l'image du clochard alcoolique qui vit dans la rue. D'autres, plus fortunés matériellement, lui ressemblent, tout en vivant chez eux, moins visibles au public.

Il va sans dire que la personnalité du malade influence l'expression individuelle de cette démence progressive (voir aussi le chapitre sur « l'âge d'or »).

Les exemples les plus frappants sont ceux d'un alcoolique pris dans un délire de jalousie, de grandeur ou de persécution. Tant que le psychiatre réussit à obtenir des renseignements fiables sur le malade, il apprend qu'un penchant paranoïaque était présent longtemps avant. Cette tendance s'est manifestée plus librement, parce que l'alcool a servi à affaiblir les inhibitions.

Certaines psychoses sont plus directement une conséquence d'ingestion prolongée d'alcool. Nous allons mentionner les plus répandues seulement.

— Le *delirium tremens* («délire à tremblement») suit, après un intervalle d'heures ou de jours, une période prolongée d'ingestion importante d'alcool. Une infection (par exemple une pneumonie) ou un traumatisme s'y superposent souvent. Cette forme de délire, à moins d'être traitée immédiatement, devient une maladie grave, physique et psychologique à la fois. Elle peut être mortelle.

Le délire est généralement précédé par une période d'irritabilité et d'agitation. Puis il y a des tremblements, et le malade dort très mal, souffrant de rêves terrifiants. Il appelle à l'aide contre des ennemis imaginaires et prend une attitude défensive, parfois violente, qui peut rendre l'approche très difficile. Il y a fièvre et transpiration abondantes. C'est un grand malade, et l'hospitalisation s'impose.

Mentionnons aussi une forme plus bénigne de ce délire, appelée parfois *délire alcoolique subaigu.* Elle est plus répandue que la précédente et le traitement en est plus rapidement efficace. Nous voyons facilement, que pour les deux formes, il y a grand danger de récidive.

— L'alcoolisme peut être la *conséquence* de troubles psychiatriques

Essayons de nous imaginer dans la personne d'un obsessionnel, d'un phobique, d'un déprimé, d'un maniaque (dans le sens psychiatrique du mot) ou même d'un schizophrène.

Nous souffrons, peut-être sévèrement; nous cherchons à nous soulager. Nous n'avons pas l'habitude de demander conseil à un médecin, surtout quand il s'agit de difficultés psychologiques. Nous avons remarqué qu'un verre d'alcool nous calme, nous apaise, nous soulage.

Quoi de plus logique que d'y chercher refuge?

Bon nombre de personnes souffrant de névroses diverses, les anxieux, les phobiques, les obsessionnels, même les hystériques ou les hypochondriaques ont recours à l'alcool pour soulager leur détresse. C'est pourtant une épée à double tranchant, l'alcool s'avérant plus dévastateur à la longue que la névrose qu'il devait soulager.

Même des maladies psychiatriques graves se cachent parfois sous l'alcoolisme. Il n'est pas rare qu'un schizophrène ou un maniaco-dépressif essaie de noyer sa longue souffrance psychologique dans l'alcool.

Ceci représente une complication; car si la personne qui souffre d'une maladie psychiatrique continue à boire, il y a grand danger que les symptômes psychotiques s'aggravent encore.

Approches thérapeutiques

Celles-ci doivent être strictement individualisées, car les possibilités sont multiples et diverses.

—— Traitement de l'intoxication aiguë

Parlons d'abord de la nécessité de désintoxication en face d'une intoxication aiguë. Il peut s'agir de sauver une vie, et c'est alors une urgence. Dans ce cas, il est rarement possible de chercher l'accord préalable de la personne affectée. Ce traitement est effectué dans un centre spécialisé, et sa durée est variable.

Il y a d'abord sevrage, qui dans beaucoup de cas doit être progressif, pour éviter le *delirium tremens* ou les convulsions.

L'hydratation, souvent par voie intraveineuse, est essentielle, car l'alcoolisme entraîne un déficit d'eau affectant tous les tissus.

L'alcoolique étant toujours en état de manque de vitamines essentielles, celles-ci sont administrées initialement par voie intraveineuse.

D'autres médicaments sont ajoutés si nécessaire, en vue de calmer ou de prévenir des convulsions ou un *delirium tremens*. L'inconvénient de ces médicaments est toutefois de pouvoir eux-mêmes mener à la dépendance. Comme ils peuvent alors se substituer à l'alcool, ils sont utilisés avec circonspection.

— Traitement de l'alcoolisme chronique

Après le traitement de l'intoxication alcoolique aiguë qui aura duré 3 ou 4 jours en moyenne, nous essayons d'aboutir à l'idéal : que l'alcoolique donne son accord à un traitement plus définitif; autrement dit, une cure de « désintoxication longue durée ».

Pour cela, il importe qu'un rapport thérapeutique soit établi. Une fois que de l'aide sincère est offerte sans jugement, et que, de la sorte, l'alcoolique gagne confiance, il y a possibilité d'un consentement. Il y a pourtant des tendances contraires aptes à miner les meilleures intentions; et en particulier la peur de l'abstinence.

N'oublions pas qu'en devenant abstinent, l'alcoolique perd un nombre de bénéfices :

— L'ingestion de l'alcool tend à réduire les tensions, le chagrin, le sens de frustration : quelle aubaine...

— L'abstinence par elle-même crée une anxiété. Seule la boisson (ou des médicaments de nature semblable) est à même de la calmer.

— C'est aussi une longue habitude qu'il s'agit d'abandonner. Personne, ni vous ni moi, n'aime changer ses habitudes. La consommation régulière d'alcool est devenue partie intégrante de la vie de l'éthylique.

— A moins qu'il soit buveur solitaire (ce qui est assez rare, au moins pour un homme), la boisson lui a permis de se faire un certain nombre d'amis ou de connaissances avec lesquels il partage un intérêt commun. Qui de nous se prêterait volontiers à la perte d'un cercle de copains ?

— Parfois, c'est la famille elle-même qui abandonne le malade dès qu'il devient sobre. Sont-ils alcooliques eux-mêmes — ou peut-être se sont-ils adaptés progressivement à son état fréquent d'ivresse, au point que de le voir sobre leur paraît étrange ? Donc, ils l'évitent. Ceci peut paraître paradoxal.

Un exemple

→ **Mme L.,** divorcée, mère de 4 enfants, sobre depuis des années, relate :

« Chaque fois que je revenais d'une de mes cures prolongées de désintoxication, tous mes enfants m'abandonnaient pour vivre avec des copains, des copines ou avec leur grand-mère. Ils avaient l'habitude de me voir ivre, de me coucher quand j'étais incapable de le faire ou d'appeler l'ambulance quand ils me voyaient très malade. Ils étaient à même de tenir tête à toutes les calamités dues à mon ivresse, mais affronter mon état de sobriété leur était impossible. »

— Un autre facteur important s'ajoute à la dépendance psychologique. C'est le fait que l'alcool produit une accoutumance d'ordre physique, telle qu'il devient de plus en plus difficile de résister à la tentation de boire. C'est comme si l'organisme en avait besoin. (Les toxicomanes, les fumeurs et les boulimiques connaissent bien cette sensation aussi.) Il y a en effet des symptômes physiques de sevrage, dont les tremblements sont les plus connus.

Dans ces conditions, quoi de plus naturel que de vouloir continuer à boire ?

Toutes ces attaches doivent donc être déliées avant que l'alcoolique puisse tenter de considérer la sobriété. Un travail important.

Il se donne des excuses et déclare :

« Je sais que je peux arrêter quand je veux; mais pour le moment je ne veux pas. Je vais boire moins, et de toute façon je n'ai jamais bu tellement. Mon épouse se fait des soucis inutiles. Elle est si anxieuse de nature. »

— Comment donc accéder à la sobriété?

Une remarque d'abord: nous parlons de sobriété absolue plutôt que de réduction de la consommation d'alcool. L'expérience a prouvé que, s'il est difficile d'arrêter de boire, il est quasiment impossible pour le malade de se transformer d'alcoolique en buveur modéré. N'oublions pas qu'une seule gorgée de vin peut provoquer une rechute.

Nous n'allons pas en discuter les raisons ou les explications possibles. Nous nous joignons simplement au savoir de ceux qui y sont passés personnellement: à moins de se vouer à la sobriété, l'alcoolisme ne peut pas être vaincu.

Ceci dit, il est bien connu que de tenter d'*obliger* un éthylique à cesser de boire est peine perdue.

Qu'est-ce donc qui peut mener un alcoolique à abandonner sa dépendance?

Ce sont, tragiquement, surtout des malheurs de toutes sortes qui tendent à persuader le malade que l'alcool a un pouvoir sur lui qu'il est impuissant de vaincre sans aide: voir femme et enfants quitter le foyer; les vieux amis s'écarter de lui; perdre son emploi; se réveiller à l'hôpital après un accident de voiture; se trouver en prison après une querelle violente: ce sont autant d'événements bouleversants qui l'amènent à réfléchir.

Si un alcoolique se rend chez le médecin en demandant à être traité, il y a de l'espoir; mais la lutte est loin d'être gagnée. S'il est venu de sa propre initiative, ayant admis à lui-même que tout seul il est impuissant, il a fait un pas important.

Il incombe alors au médecin de réfléchir aux meilleurs moyens d'aider son patient. Comme toujours, l'élément le plus important est une attitude compréhensive de la part du médecin, ou de toute autre personne qui s'offre à prêter de l'assistance.

Voici quelques possibilités.

— Approche médicamenteuse

Il y a différents médicaments susceptibles de produire des symptômes désagréables ou même dangereux s'il y a ingestion d'alcool par la suite. Ils sont prescrits par un professionnel si, après discussion approfondie du pour et du contre, le malade donne son accord. Ces méthodes ont montré de bons résultats, pourvu qu'il y ait coopération continue du côté du malade.

— Approche psychologique individuelle

Les visites régulières chez un professionnel compétent (pas nécessairement un médecin) peuvent aider et parfois guérir, mais les récidives sont fréquentes, menant au découragement des deux côtés. Comme nous avons vu, les forces multiples quasi magnétiques que l'alcool exerce s'opposent puissamment à la sobriété.

— Approche psychologique en groupe

La décision, souvent difficile, de se joindre à un groupe est généralement précédée par des approches mentionnées plus haut.

Si toutefois l'alcoolique se trouve en face de plusieurs rechutes, il devient conscient de son impuissance à vaincre ses difficultés sans aide supplémentaire. Si les conditions sont alors favorables, il permettra à un membre d'un groupe d'alcooliques (lui-même sobre depuis un moment) de venir le voir chez lui. Ceci est souvent le premier pas vers la sobriété. Ce visiteur lui expliquera le fonctionnement de ce groupe, composé d'alcooliques parvenus à différents stades de sobriété. S'il donne son accord pour participer à une des réunions, les chances qu'il continue dans cette voie sont multipliées.

Avant de continuer, voyons une situation qui a abouti à une guérison.

Un exemple

→ **Mme B., 60 ans,** vint dans mon cabinet sans avoir pris un rendez-vous. Elle s'approcha d'une démarche incertaine et balbutia : *« Je voudrais m'arrêter de boire. Pourriez-vous m'aider ? »*

Il était évident qu'une entrevue ne pouvait réussir, vu l'état de la malade.

Je promis donc d'aller la voir tôt le lendemain en lui indiquant qu'à moins qu'elle ne soit en état de sobriété, nous ne pourrions pas parler.

Je la trouvai à sept heures du matin dans son lit, un paquet de bière à ses côtés, les bouteilles encore pleines.

Nous commençâmes donc à parler : de ses chagrins, ses craintes, ses soucis, de sa vie dans le passé, à présent et de ce que l'avenir pourrait bien lui promettre. Elle avait peu de confiance, voyait tout en noir et exprimait son désespoir.

Nous avons parlé des groupes d'alcooliques qui offrent leur aide à ceux de leurs semblables qui se déclarent prêts à l'accepter.

Elle se montrait sceptique, mais donna son accord pour qu'un membre abstinent vînt la voir chez elle. Elle insista sur le fait que son accord était entièrement provisoire.

La prochaine fois que je la vis, elle avait contacté un des membres par téléphone, avait reçu une visite et se préparait à aller à la première réunion. Je lui demandai la permission de l'accompagner, intéressée comme je l'étais par une telle occasion d'approfondir mes connaissances.

Ce fut fait, et ma première rencontre avec ce groupe m'a ouvert les yeux sur un monde riche et fascinant. Quoi de plus impressionnant qu'une communauté de personnes ayant souffert d'expériences comparables et se dirigeant vers un but commun. Leur objectif, comme nous le savons, est d'abord la sobriété permanente, mais comme par enchantement, une quantité d'autres s'y associent :

— C'est d'abord l'honnêteté envers soi-même ainsi qu'envers autrui. Jusqu'alors, l'alcoolique avait l'habitude de trouver des subterfuges ou de mentir. Ne s'agissait-il pas de dissimuler sa dépendance de l'alcool? Une fois sobre, les mensonges ne sont plus nécessaires, au bonheur de ses proches et de lui-même.

— Le nouveau cercle d'amis remplace ceux que le malade a perdu parce qu'il a arrêté de boire.

Ce groupe paraît donc indispensable pour remplir le gouffre de solitude qui s'ouvre à tant d'alcooliques au moment d'arrêter de boire et qui est si souvent la raison pour briser toutes les bonnes intentions.

Dans chaque ville, et même dans chaque bourg de France, un ou plusieurs de ces groupes se sont formés en vue d'une aide mutuelle, prêts à assister chaque nouveau venu qui veut bien entrer en contact. Plusieurs bourgs s'associent parfois, si le nombre des membres est insuffisant dans une seule collectivité locale.

Le besoin de telles associations est devenu si grand qu'il en existe maintenant plus d'une.

Elles ont pris les noms de *Croix Bleue, Vie Libre, Croix d'Or, Alcooliques Anonymes* et autres. Leurs buts et leurs façons de procéder sont semblables, guidées comme elles le sont par le même désir : aider ceux qui souffrent du même mal que celui dont les membres déjà rétablis ont souffert précédemment.

Les familles, surtout les époux ou épouses, participent de différentes façons, assistant comme « associés volontaires » à chaque réunion, ou s'y joignant de temps à autre.

Il serait souhaitable que les adolescents soient inclus également d'une manière très active. Ils apporteraient un élément frais et relativement naïf à l'expérience des plus âgés, et pourraient également profiter de l'effet préventif d'une immersion précoce dans un groupe « d'alcooliques libérés ».

Réponse à la question initiale

« Ma mère est alcoolique. Vais-je devenir comme elle ? »

Le danger que vous suiviez l'exemple de votre mère n'est pas négligeable, pour les raisons que nous avons évoquées précédemment.

Pour prévenir ce risque, vous pourriez vous associer à d'autres personnes qui souffrent de la présence d'un alcoolique dans la famille. L'échange d'idées et d'expériences sera bénéfique. Dans certains centres, il y a même des associations établies dans ce but.

Si votre mère consent à chercher de l'aide, et si vous y participez, les chances pour elle autant que pour votre avenir à vous se multiplient de façon notable.

Conclusion

Je me suis efforcée de présenter les troubles émotionnels et psychiatriques d'une façon aussi simple et aussi transparente que possible; mais j'insiste sur le fait que l'esprit et l'âme de tout être humain sont infiniment complexes, de sorte qu'aucune plume ni aucun ordinateur ne pourraient en reproduire un tableau fidèle.

Même si nous décrivions toutes les attitudes et tous les traits que nous aurions découverts dans nos proches ou en nous-mêmes, nous ne pourrions jamais rendre justice à l'infinie richesse d'attributs dont nous a dotés la nature. Cela parce que nous jouissons d'un nombre incalculable de qualités, qui réagissent les unes avec les autres, et qui se transforment avec le temps et en réponse à des influences extérieures.

En présentant les difficultés émotionnelles et les affections psychiatriques l'une après l'autre dans un ordre apparent, nous ne prétendons donc pas vous offrir un miroir parfait de la nature.

De ce fait, je voudrais aussi donner un avertissement à mes lecteurs. De même que les étudiants en première année de médecine ont tendance à se voir souffrir de toutes les maladies décrites dans leurs cours, vous vous verrez peut-être comme des « copies conformes » de l'une ou l'autre des personnalités décrites ici ou vous croirez souffrir précisément de l'une des névroses évoquées.

Il est fort possible que vous en possédiez certains traits; mais n'oubliez pas qu'en contrepartie vous avez une multitude de bonnes et saines qualités et que ce qui est inadapté ne représente jamais qu'une partie limitée de votre être, même si ces traits peuvent parfois éclipser quelques-unes de vos qualités plus positives.

Il est probable aussi qu'une fois la lecture du livre terminée, vous aurez diagnostiqué chez vos proches nombre de difficultés psychologiques. Sous certains aspects, vous aurez sans doute raison. Si cela vous permet de mieux les comprendre et de les tolérer plus facilement, tant mieux; mais évitez la tentation de les « classer » pour toujours. N'oubliez pas qu'ils possèdent aussi un grand nombre de qualités positives, peut-être cachées à vos yeux; et rappelez-vous surtout que, tôt ou tard, la partie saine peut éclipser la maladie. Cela est vrai des maladies du corps et aussi de celles dites « purement psychologiques ».

Il va sans dire que toute personne, du simple fait qu'elle est vivante, représente la preuve de la supériorité, même précaire, de son côté sain sur ce qui est malade. Il importe donc que dans nos approches de la souffrance, qu'elle soit physique ou psychologique, nous nous efforcions de faire appel à ce qui est bien portant et positif.

Pour le trouver, il suffit de le chercher.

Réponse à la question initiale

Est-ce fou de voir un psy?

Nous appelons volontiers un médecin quand nous souffrons d'une grippe ou d'une pneumonie.

Ne serait-il donc plutôt « fou » de NE PAS consulter un psychiatre quand notre détresse (comparativement aussi ou même plus intense) est de nature psychologique?

Mon espoir est de vous en avoir convaincu.

Post-scriptum

Supposons que vous ayez parcouru ce livre, vous attardant sur certains chapitres, vous arrêtant à des pages qui semblent vous parler tout personnellement.

Vous désirez peut-être trouver le professionnel adapté à aider un proche — ou vous-même.

La question se pose :

QUI CHOISIR ?

Non seulement espérez-vous trouver quelqu'un (homme ou femme) de compétent, disponible, sérieux, aimable, abordable; mais aussi qui ait un caractère adapté à celui du malade; qui comprendrait son tempérament, sa philosophie; tout ce qui lui est important. En somme, vous cherchez la personne « idéale ».

Vous voulez d'abord faire un choix entre les différentes branches de ces professions qui traitent les souffrances psychiques. Il y a :
— les psychologues;
— les psychanalystes;
— les psychothérapeutes;
— les psychiatres.

Que signifie tout cela ?

Comment un psychologue se distingue-t-il d'un psychanalyste, d'un psychothérapeute, d'un psychiatre ?

Essayons de le clarifier.

—— Le psychologue

Il (ou elle) a suivi des cours universitaires de psychologie, sans études médicales. Ses connaissances ne concernent pas le fonctionnement du corps humain, ses maladies ou la façon de les traiter. Il ne prescrit pas de médicaments. Il utilise la psychométrie, c'est-à-dire des tests qui permettent d'évaluer les particularités psychiques et intellectuelles d'une personne.

Certains psychologues se limitent à ces activités diagnostiques, mais la grande majorité s'intéresse aussi au traitement psychologique des malades.

Le psychologue choisit les méthodes de traitement qu'il préfère.

Il n'est pas possible ici d'en énumérer le très grand nombre. Donnons seulement deux exemples qui se trouvent en quelque sorte à des pôles opposés, tout en étant tous deux de valeur indiscutable.

— D'un côté, je pense à la thérapie comportementale sous ses multiples formes, conçue par d'éminents chercheurs et qui comporte l'apprentissage de nouvelles attitudes envers un vieux problème. J'en ai donné un exemple dans le chapitre sur les phobies.

— A l'autre pôle se situe la thérapie «non directive» de Rogers, psychologue américain internationalement connu, qui suit le principe de «respect inconditionnel» *(unconditional regard)* vis-à-vis du malade, dans le but de l'aider à renforcer son Moi (son respect pour lui-même).

—— Le psychanalyste

Il (ou elle) se distingue des autres thérapeutes sur plusieurs points.

Les études qui lui permettent d'exercer cette spécialité ne sont pas strictement délimitées. Il peut être psychologue, médecin ou même psychiatre, le point essentiel étant le fait qu'il s'est soumis lui-même à une psychanalyse.

En plus, il doit être reconnu comme compétent en psychanalyse par une école hautement spécialisée.

En psychanalyse, le patient est allongé sur un divan, ne voyant pas son thérapeute. Ceci facilite certains processus psychiques, par exemple la projection des fantasmes et la libre association des idées.

L'analyse des rêves est largement utilisée en psychanalyse, mais aussi en thérapie non-analytique.

Ajoutons qu'il existe aussi la « psychothérapie d'inspiration psychanalytique » qui est proche de la psychanalyse par sa méthode, mais en diffère par la position face à face du patient et du thérapeute.

—— Le psychothérapeute

Au sens propre, ce terme décrit toute personne qui traite une autre par voie psychique, c'est-à-dire qui utilise la psychothérapie. Il pourrait englober, donc, le psychologue, le psychanalyste et le psychiatre.

Le terme *psychothérapeute* désigne pourtant aussi toutes les personnes qui se servent de méthodes thérapeutiques spéciales. Celles-ci sont multiples et très variées.

En consultant les «pages jaunes» d'un annuaire, nous trouvons sous la rubrique «Psychothérapeute»: la thérapie conjugale, le traitement de l'énurésie, la thérapie psychocorporelle des désordres émotionnels et relationnels, l'hypnothérapie, la thérapie analytique et la relaxation, la thérapie brève, la musicothérapie, la thérapie de la Gestalt.

Quelques-unes de ces méthodes ont été développées en Californie et se sont installées graduellement en Europe. Certaines sont éminemment fiables (si pratiquées de façon consciencieuse et éthique); mais comme pour tout, il s'agit de se méfier des contrefaçons. Il y a des «psychothérapeutes» plus sensationnels qu'efficaces et même parfois dangereux. Restons vigilants et donnons la préférence à ceux qui peuvent offrir la preuve d'une bonne formation professionnelle.

—— Le psychiatre

Après avoir obtenu le diplôme de médecin, il (ou elle) a fait au moins quatre années de spécialisation en psychiatrie.

Durant ces études, le psychiatre s'informe pleinement sur les méthodes de traitement disponibles, y compris celles qu'utilisent les psychologues, les psychanalystes et les psychothérapeutes. Souvent, il développe une certaine préférence pour tel ou tel mode de thérapie, tout en retenant une multitude de possibilités d'approche. Il espère pouvoir offrir à son patient un «traitement sur mesure».

Il ne dispense pas les médicaments sans permettre le dialogue.

Il ne s'efforce pas de modifier le comportement sans se soucier des souffrances du malade.

Il ne donne pas l'impression d'exercer une profession secrète.

Peut-être encore plus que tout autre thérapeute, il écoute, pose des questions et écoute encore. Il comprend et accepte les préoccupations du malade qui se voit pouvoir parler à quelqu'un de compétent auquel il peut révéler ses confidences, sans crainte d'être jugé.

Grâce à sa formation médicale, le psychiatre reconnaît assez aisément les fondements physiques de telle ou telle maladie d'apparence psychique.

Ceci importe dans beaucoup de situations, comme dans les maladies du troisième âge, les déséquilibres endocriniens, les maladies neurologiques, les effets toxiques de médicaments, de l'alcool, des stupéfiants et d'autres.

Il jouit de l'expérience dans la prescription des médicaments de plus en plus efficaces.

Un mot sur la prise en charge des frais par la sécurité sociale

Celle-ci est assurée dans le cas du psychiatre (s'il est conventionné), contrairement à celui du psychologue. Quant au psychanalyste et au psychothérapeute, il y a prise en charge s'il est médecin, mais refus s'il ne l'est pas.

L'ultime choix

Pour pouvoir s'orienter dans ce labyrinthe de thérapeutes, un conseiller s'impose.

Dans la vie de tous les jours, le choix se fait souvent à l'aide d'un ami qui connaît ou a été traité par quelqu'un qu'il apprécie. La chance que ce soit un bon choix est grande.

Toutefois, la personne qui pourra vous conseiller le mieux est votre généraliste, qui devrait connaître votre histoire, vos soucis, vos goûts et votre personnalité. Il sera à même de choisir un de ses correspondants qu'il juge le mieux adapté.

Mais ce choix, même bien avisé, peut n'être que provisoire. Il s'agit souvent d'abord d'un essai *(« Je vais voir si je peux m'entendre avec ce psychiatre »)*, suivi peut-être d'un échec.

Si le thérapeute ou le patient voit assez rapidement qu'un bon rapport thérapeutique ne peut s'établir, il faut accepter un changement. Peut-être le thérapeute va-t-il adresser le patient à un confrère dont il connaît bien les façons de procéder. Ainsi la chance de succès sera plus grande. Dans certains cas, il faudra plusieurs essais avant de trouver le bon thérapeute.

On se méfie pourtant des patients (peu nombreux d'ailleurs) qui semblent faire leur métier de changer de thérapeute sans jamais être contents. Ils sont assez facilement repérés.

Ajoutons une remarque importante : malgré certaines apparences qui pourraient indiquer le contraire, il me semble que le sexe du thérapeute est d'une importance bien moindre que sa personnalité. Ceci, je pense, est vrai même quand il s'agit de traiter une détresse prémenstruelle, un trouble sexuel ou une psychose au moment de la ménopause.

Il faut pourtant faire exception des malades qui souffrent d'une aversion ou d'une peur intense vis-à-vis des représentants d'un sexe ou de l'autre. C'est une attitude à respecter. Les victimes de viol en sont un exemple.

Ce qui importe plus que tout autre est la question : le thérapeute est-il compétent, compréhensif, bienveillant, indulgent, tolérant ? Votre généraliste vous renseignera.

—— Résumons

Le choix d'un thérapeute n'est pas toujours facile, malgré toutes les tentatives des professionnels (dans le passé et à présent) de trouver une solution à ce problème. Nous ne possédons pas encore de moyens simples pour y remédier.

Nous pourrions être tentés d'employer des techniques informatiques (telles les méthodes utilisées par des agences matrimoniales) pour nous aider à mettre en accord les données des thérapeutes avec celles du patient.

N'y pensons pas, pour les raisons données au début de la *Conclusion.*

Mais surtout, ne désespérons pas.

Il y a un grand nombre d'excellents psychiatres, psychologues, psychanalystes, et psychothérapeutes. Il suffit de découvrir un seul qui vous convienne, avec qui « le courant passe bien », sans toutefois chercher la perfection. Nous sommes tous des humains.

Remerciements

Je voudrais exprimer ma gratitude envers un grand nombre de personnes.

Mes parents, décédés depuis longtemps, m'ont appris, par leur manière de vivre ainsi que par leurs paroles, d'aimer les humains... à peu d'exceptions près.

Mon mari a continué à m'influencer à sa façon à lui et m'a appris beaucoup. Plus immédiatement, il m'a aidé à résoudre certains obstacles de nature technique inhérents au traitement de texte; des mystères insondables pour moi. Il a aussi apporté de précieuses critiques à certains aspects du manuscrit, tout en étant d'une patience angélique pendant le temps où je m'enfonçais dans l'écriture, négligeant la qualité des repas.

Nos trois fils, ainsi que leurs épouses, m'ont encouragée quand j'en avais besoin, c'est-à-dire un bon nombre de fois.

Tant d'autres, trop nombreux pour être énumérés, m'ont assistée directement ou indirectement pour donner une forme à ce que je voulais transmettre. Je tiens à mentionner surtout Paulette Pernet-Galand et Catherine Guignard qui, compétentes et pleines de patience, ont passé de très longues heures à perfectionner le manuscrit.

Pourtant, de loin ma plus grande gratitude va vers mes patients et patientes qui, avec une générosité sans bornes, m'ont révélé leurs expériences, leurs pensées et leurs plus profonds sentiments. De ce fait, ils m'ont permis à mieux connaître et, espérons-le, à mieux comprendre certaines des souffrances humaines.

Je voudrais ajouter ici que, pour des raisons de confidentialité, certains détails personnels concernant les malades ont été suffisamment modifiés dans le texte pour qu'aucun des patients décrits ne puisse se reconnaître ou être reconnu par autrui.

En présentant ce livre, grâce à ces patients et patientes, j'espère aider les autres à mieux comprendre certaines des plus troublantes préoccupations humaines.

Table des matières

Au catalogue Marabout

Psychologie

Analyse transactionnelle (L'), de Lassus R. .... MS 0035 [09]
Art d'engager la conversation et de se faire des amis (L'),
Gabor D. .... GM 0104 [06]
Ayez confiance en vous, Brandel N. .... MS 2008 [06]
Clés du bon sommeil (Les), Pacout N. .... GM 0116 [06]
Comment acquérir une super-mémoire,
Dr Renaud J. .... GM 0091 [07]
Communication efficace par la PNL (La),
de Lassus R. .... MS 0010 [09]
Comprendre les femmes, Daco P. .... MS 0001 [09]
Développez votre créativité, Bacus A. et Romain C. ..... MS 0043 [07]
Développez votre intelligence, Azzopardi G. .... MS 0024 [09]
Dictionnaire des rêves, Uyttenhove L. .... GM 0046 [06]
Du bon usage du nouvel âge, Demornex J. .... MS 2000 [06]
Femmes qu'ils aiment, femmes qu'ils quittent (Les),
Dr Cowan C. et Dr Kinder M. .... MS 0033 [07]
Force de l'esprit (La), Groupe Diagram .... MS 2001 [12]
Interprétation des rêves (L'), Daco P. .... MS 0002 [07]
Je vis ma vie comme je vis mon corps, Bury J. .... MS 2010 [07]
Langage des gestes (Le), Pacout N. .... GM 0124 [07]
Manger juste (Le), Hubert A. .... MS 2007 [07]
Mensa le livre des tests, Bacus A. .... MS 0007 [07]
Mesurez votre Q.I., Azzopardi G. .... GM 4102 [06]
Méthode Coué (La), Coué E. .... MS 0028 [07]
Ne remettez plus au lendemain, Pacout N. .... MS 2004 [06]
Oser être soi-même, de Lassus R. .... MS 2002 [07]
Partez gagnant, Hopkins T. .... MS 2003 [07]
Prodigieuses victoires de la psychologie (Les),
Daco P. .... MS 0015 [09]
Psychologie et liberté intérieure, Daco P. .... MS 0004 [09]
Puissance de la pensée positive (La),
Peale N.V. .... MS 2006 [07]
Qui êtes-vous ?, Groupe Diagram .... MS 0005 [12]
15 tests pour connaître les autres,
Gauquelin M. et F. .... GM 0015 [06]
Réussissez les tests d'intelligence, Azzopardi G. .... MS 0023 [07]
Secrets de votre écriture (Les),
Boöne-Boss M.A. et Kestemont F. .... GM 0150 [07]
Se faire des amis, Wassmer A. .... MS 2005 [07]
Se guérir par la visualisation, Fanning P. .... MS 2009 [09]
Solitude, Storr A. .... MS 2012 [09]
Tester et enrichir sa mémoire, Dansel M. .... MS 0128 [09]
Tests d'intelligence (Les), Klausnitzer J.E .... GM 0142 [07]
Tests de logique (Les), Klausnitzer J.E. .... GM 0143 [07]

Training autogène, Brand Hetzel C. .... MS 0011 [07]
Training cerveau, Dr Renaud J. .... GM 0149 [09]
Triomphes de la psychanalyse (Les), Daco P. .... MS 0029 [09]
Une psychanalyse pour quoi faire ?,
Moscovitz J.J. et Grancher Ph. .... MS 0008 [06]
Vertus du plaisir (Les), Ornstein R. et Sobel D. .... MS 2011 [09]
20 tests pour se connaître, Gauquelin M. et F. .... GM 0020 [06]
25 mots clés de la psychologie et de
la psychanalyse, Marson P. .... MS 1211 [09]
Voies étonnantes de la nouvelle psychologie (Les),
Daco P. .... MS 0003 [09]

Enfants - Education

A ce soir, Brazelton T.B. .... MS 0191 [07]
Aimer sans tout permettre, Dr Dodson F. .... MS 0181 [07]
Art d'être parents (L'), Dr Spock .... MS 0200 [12]
Comment apprendre l'autodiscipline à son enfant,
Dr Gordon T. .... MS 0201 [09]
Comprendre l'enfant difficile,
Dr Turecki S. et Tonner L. .... MS 0183 [07]
Développez l'intelligence de votre enfant, Lewis D. .... MS 0210 [09]
Guide de l'allaitement réussi, Delahaye M.-C. .... MS 0199 [09]
Guide du savoir lire, Dumont A. et Varraud M. .... MS 0208 [07]
Maladies de l'enfant (Les),
Dr Massonnaud M. et Dr Joly T. .... MS 0197 [09]
Nouvelle cuisine de bébé (La),
Marcadé B. et Dr Bouchet H. .... GM 4028 [09]
Nouvelle cuisine de l'enfant,
Marcadé B. et Dr Bouchet H. .... GM 0084 [09]
Papa, maman dites-moi pour de vrai, Sévérin G. .... MS 0203 [07]
Parents efficaces, Dr Gordon T. .... MS 0182 [06]
Père et son enfant (Le), Dr Dodson F. .... MS 0180 [09]
Prénoms (Les), Mercier C. .... MS 0369 [09]
Tout se joue avant 6 ans, Dr Dodson F. .... MS 0225 [06]
Votre bébé de 1 jour à 1 an, Bacus A. .... MS 0198 [09]
Votre enfant de 1 à 3 ans, Bacus A. .... MS 0202 [09]

Santé - Forme Sexualité

ABC de la diététique, Dr Peeters E.G. .... GM 0041 [07]
150 meilleures recettes pour diabétiques,
Lesourd C. .... GM 0034 [06]
Changer d'alimentation, Joyeux H. .... MS 1555 [07]
Comment bien faire l'amour ensemble, Penney A. ..... GM 0136 [06]
Comment faire l'amour à un homme, Penney A. .... GM 0079 [06]
Comment faire l'amour à une femme,
Morgenstern M. .... GM 0081 [06]
200 recettes gourmandes pour maigrir, Girard S. .... GM 0147 [07]
Dictionnaire familial d'homéopathie, Dr Maury E.A. .... MS 1553 [07]
Dictionnaire pratique de la sexualité, Dr Moigno Y. ..... MS 1615 [12]
Guide anti-stress, Dr Renaud J. .... GM 4121 [07]
Guide des examens médicaux,
Dr Labayle D. et Radiguet C. .... MS 1612 [07]
Guide des premiers soins, Pacout N. .... GM 0106 [04]
Gym au quotidien (La), Laty D. .... GM 4119 [07]
Kama Soutra (Le), Vatsyayana .... MS 1625 [06]
Livre de bord de la femme (Le), Delahaye M.-C. .... MS 1624 [09]
Livre de bord de la future maman (Le),
Delahaye M.-C. .... MS 1604 [09]
Maigrir, Dr Mallet J.B. .... MS 1554 [09]
Maigrir avec les hautes calories, Leconte M. .... MS 0584 [06]
Maigrir en 3 mois, Dr Bargheon J. .... MS 1559 [09]
Maladie d'Alzheimer (La), Khosravi M. [mai] .... MS 2715 [N]
Marche pour être en forme (La), Klatzmann J. [mai] .... MS 4154 [N]
Naturopathie, Kieffer D. .... MS 1558 [09]
Oligo-éléments (Les), Dr Moatti R. .... GM 0035 [06]
Protégez vos yeux face à l'écran ordinateur,
Klumpp B. .... GM 0144 [06]
Régime F comme fibres, Eyton A. .... MS 0624 [04]
Révolution alimentaire (La), Laporte-Adamski F. .... MS 1562 [07]
Rhumatismes, Dr Jacquemart P. et Deluchey G. .... MS 1623 [07]
Scarsdale, régime médical infaillible,
Dr Tarnower H. et Baker S.S. .... MS 1556 [06]
Sexe - manuel pratique illustré (Le),
Groupe Diagram .... GM 0017 [09]
Soignez votre enfant par homéopathie,
Dr Bourgarit R. .... MS 1567 [06]
Soignez-vous par la chiropraxie, Monvoisin J.-P. .... MS 1557 [07]
Soignez-vous par le vin, Dr Maury E.A. .... MS 1552 [07]
Stop-Tabac, Dr Renaud J. .... MS 1564 [06]
Stratégies anti-cancer, Hubert A. et de Thé G. .... MS 1561 [07]
Yoga des yeux (le), Darst Corbett M. .... GM 0023 [07]

Aide scolaire

Culture générale

Vie quotidienne

ABC de la généalogie, Beaucarnot J.-L. .... GM 4140 [07]
ABC de la parole facile, Bower S.A. .... GM 0128 [06]
ABC du bien recevoir, Gourlat C. .... GM 0146 [07]
150 questions à mon notaire, Reillier L. .... GM 0021 [07]
125 modèles de lettres d'amour, Maury P. .... GM 0090 [06]
Code Civil belge 1993 [mars] .... [N]
Correspondance (La), d'Assailly G. .... MS 0311 [04]
200 modèles de lettres, Maury P. .... GM 0016 [07]
Dictionnaire Marabout des trucs, Fronty L. .... MS 1317 [07]
Guide de l'héritage, Le Bras F. .... MS 1324 [07]
Guide de l'organisation du mariage, Terrail N. .... GM 0151 [07]
Guide du courrier facile (Le), Ovtcharenko C. .... MS 1336 [12]
Officiel des prénoms d'Europe, Raguin P. .... MS 1314 [09]
Règles d'or de la lecture rapide (Les),
Gourmelin M.-J. .... GM 0077 [07]
Savoir-vivre (Le), d'Assailly G. .... MS 1310 [06]
Savoir-vivre aujourd'hui (Le), Pacout N. .... GM 0087 [06]
Vraie vie des prénoms (La), Corinte P. .... GM 0037 [09]

Bricolage

Encyclopédie des styles .... MS 1632 [12]
Guide Marabout de l'électricité (Le), Pessey C. .... GM 0085 [07]
Guide Marabout de l'entretien et des petits dépannages chez soi, Puiboube D. .... GM 0099 [07]
Guide Marabout du chauffage (Le), Pessey C. .... GM 0086 [06]
Restaurer, entretenir, embellir vos meubles,
Puiboube D. .... GM 0053 [07]
Restaurer, entretenir, embellir vos objets,
Puiboube D. .... GM 0065 [07]

Jardinage

Jardinez écologique, Puiboube D. .... GM 0156 [07]
Rosiers (Les), Puiboube D. .... GM 0043 [07]

Vie professionnelle

ABC de la comptabilité, Batsch L. .... GM 0122 [09]
ABC de la dactylographie, Le Bras F. .... GM 0130 [07]
Art du temps (L'), Servan Schreiber J.-L. .... MS 1823 [07]
Avez-vous le bon profil ?, Gilles Azzopardi .... MS 1840 [07]
Bonnes pistes pour trouver un emploi (Les),
Bacus A. .... MS 1829 [07]
Cadres et dirigeants efficaces, Gordon T. .... MS 1831 [09]
100 modèles de C.V, Le Bras F. .... GM 4148 [07]
5 étapes du succès (Les), Hauser L. .... GM 0153 [07]
Comment acquérir une super-concentration,
Werneck T. et Ullmann F. [mai] .... GM 4161 [N]
Comment être efficace en utilisant les méthodes japonaises, Delorme P. .... MS 1838 [07]
Comment prendre des notes, Le Bras F. .... GM 4135 [07]
Comment virer votre patron, Marlburg C. .... MS 1836 [07]
Créez et développez votre entreprise, Courouble J. .... MS 1832 [07]
Faites votre auto-évaluation professionnelle,
Bacus A. et Romain C. .... MS 1828 [07]
Guide pratique de la recherche d'emploi,
Le Bras F. [avr.] .... MS 1339 [N]
Marketing direct (Le), Lehnisch J.P. .... MS 1833 [09]
Parler en public, Pacout N. .... GM 0095 [07]
Parler pour convaincre, Walther G.R. [mai] .... MS 2117 [N]
Pour maitriser les tests de recrutement, Bacus A. ...... MS 1827 [06]
Pouvoir (Le), Korda M. .... MS 1837 [09]
Premiers pas dans l'entreprise, Jues J.-J. [mai] .... MS 1905 [N]
Règles d'or du curriculum vitae (Les), Huguet C. .... MS 0268 [06]
Réussir les tests d'entreprise, Azzopardi G. .... MS 0269 [04]
Réussir un entretien d'embauche, Bernardini A. .... MS 1834 [07]
Secrets d'un bon C.V. (Les), Le Bras F. .... MS 1825 [06]
Secrets des grands vendeurs (Les), Lehnisch J.P. ...... MS 1826 [07]
Secrets du succès en affaires (Les),
MacCormack M.H. .... MS 1835 [09]
Service compris, Bloch P., Hababou R., Xardel D. .... MS 1822 [09]
Vendre ça s'apprend, Posno P. .... GM 0024 [06]
Vos droits de salarié, Ovtcharenko C. .... MS 1313 [07]
Votre carrière, Jouve D. .... MS 1821 [09]

Langues vivantes

Anglais courant (L'), Rogers P. et Olorenshaw R. .... MS 0063 [09]
100 pièges de l'anglais (Les),
Rogers P. et Olorenshaw R. .... MS 0062 [06]
100 pièges de l'espagnol (Les), Lebouc G. .... MS 1250 [07]
100 pièges de l'italien (Les), Lebouc G. .... MS 1251 [09]
5000 mots d'allemand, Collins .... MS 0066 [07]
5000 mots d'anglais, Collins .... MS 0067 [07]
5000 mots d'espagnol, Collins .... MS 0068 [07]
5000 mots d'italien, Collins .... MS 0069 [07]
Dictionnaire Collins
Français-Allemand .... MS 0251 [09]
Dictionnaire Collins
Français-Anglais .... MS 0252 [09]
Dictionnaire Collins
Français-Espagnol .... MS 0253 [09]
Dictionnaire Collins
Français-Italien .... MS 0254 [09]
Grammaire facile de l'anglais (La),
Cupers J.-L. et Loriaux Ch. .... MS 0058 [06]
Je parle allemand, Barreau A. [mai] .... MS 7416 [N]
Je parle anglais, Perrin M.-M. [mai] .... MS 7415 [N]
Je parle espagnol, Barreau A. [mai] .... MS 7417 [N]
Je parle italien, de Angelis N. [mai] .... MS 7418 [N]
15 minutes par jour pour apprendre l'allemand,
Van Ceulebroeck N. .... GM 0010 [09]
15 minutes par jour pour apprendre l'anglais,
Van Wesenbeeck E. .... GM 0001 [07]
15 minutes par jour pour apprendre l'espagnol,
Blasquez M., Giltaire A.-C et Marquant H. .... GM 0040 [09]
15 minutes par jour pour apprendre l'italien,
Lebouc G. .... GM 0114 [09]
15 minutes par jour pour apprendre le néerlandais,
Visser S. .... GM 0066 [06]
Tester et enrichir ses connaissances en anglais,
Simon J. .... MS 1202 [12]

Dictionnaires

Dictionnaire de la mythologie (Le),
Grant M. et Hazel J. .... MS 0233 [07]
Dictionnaire des citations du monde entier (Le),
Petit K. .... MS 0230 [09]
Dictionnaire des synonymes (Le), Younes G. .... MS 0235 [09]

Langues vivantes + cassette

15 minutes par jour pour apprendre l'allemand,
Van Ceulebroeck N. .... GM 1010 [16]
15 minutes par jour pour apprendre l'anglais,
Van Wesenbeeck E. .... GM 1001 [16]
15 minutes par jour pour apprendre l'espagnol,
Blazquez M., Giltaire A.-C., Marquant H. .... GM 1040 [16]
15 minutes par jour pour apprendre l'italien,
Lebouc G. .... GM 1114 [16]
15 minutes par jour pour apprendre le néerlandais,
Visser S. .... GM 1066 [16]
Testez votre niveau en allemand,
d'Haese D. .... MS 7807 [16]
Testez votre niveau en anglais,
Vandevyvere G. .... MS 1271 [16]
Testez votre niveau en espagnol,
Lebouc G. .... MS 1270 [16]
Testez votre niveau en italien,
Lebouc G. .... MS 7808 [16]

Musique + cassette

15 minutes par jour pour apprendre l'harmonica,
Moulou P. et Milteau J.-J. .... GM 1118 [16]
15 minutes par jour pour apprendre la flûte,
Moulou P. .... GM 1121 [16]
15 minutes par jour pour apprendre la guitare T.1, Moulou P. .... GM 1116 [16]
15 minutes par jour pour apprendre la guitare T.2, Moulou P. .... GM 1119 [16]
15 minutes par jour pour apprendre le solfège,
Arnould M. .... GM 1115 [16]
15 minutes par jour pour apprendre les claviers T.1, Bercovitz M. et Mickaëlian A. .... GM 1117 [16]
15 minutes par jour pour apprendre les claviers T. 2, Moulou P. et Bercovitz M. .... GM 1120 [16]

Art

100 chefs-d'oeuvre du film d'auteur (Les),
Frimbois J.-P. .... MS 1855 [13]
100 chefs-d'oeuvre du film fantastique (Les),
Bouineau J.-M. et Charlot A. .... MS 1853 [13]
100 chefs-d'oeuvre du film historique (Les),
Frimbois J.-P. .... MS 1851 [13]
100 chefs-d'oeuvre du film musical (Les),
Bouineau J.-M. .... MS 1850 [13]
100 chefs-d'oeuvre du film western (Les),
Bouineau J.-M., Charlot A. et Frimbois J.-P. .... MS 1854 [13]
Guide de l'opéra, Suhamy J. .... MS 0160 [09]
Livre d'or de la chanson traditionnelle française (Le),
Moulou P. .... MS 0163 [07]
Livre d'or de la poésie française (Le), Seghers P. .... MU 0003 [09]
Guide des claviers, Virga .... GM 0058 [12]
1000 accords pour claviers, Mickaëlian A. .... MS 0162 [[09]
1000 accords pour guitare, Moulou P. .... MS 0161 [09]

Animaux

Bien choisir son chien, Mioulane P. .... GM 0120 [09]
Guide Marabout de l'aquarium d'eau douce (Le),
Favré H. .... MS 0077 [12]
Guide Marabout de l'aquarium d'eau de mer (Le),
Favré H. et Tassigny M. .... MS 1630 [12]
Guide Marabout de la santé de l'aquarium (Le),
Favré H. et Tassigny M. .... GM 4078 [06]
J'éduque mon chien, Mioulane P. .... GM 0031 [07]
Mon premier aquarium, Favré H. .... GM 0076 [06]
Règles d'or de la réussite de l'aquarium (Les),
Favré H. et Tassigny M. GM 0098 [07]